U0113993

王辉耀 苗绿◎主编

全球化智库（CCG）◎译

驻华大使看中国与世界

CHINA AND THE WORLD IN A CHANGING CONTEXT:
PERSPECTIVES FROM AMBASSADORS TO CHINA

CCG｜全球化智库
CENTER FOR CHINA & GLOBALIZATION

世界知识出版社

图书在版编目（CIP）数据

驻华大使看中国与世界 / 王辉耀，苗绿主编；全球化智库
（CCG）译.—北京：世界知识出版社，2024.1
　　ISBN 978-7-5012-6751-4

　　Ⅰ．①驻… Ⅱ．①王… ②苗… ③全… Ⅲ．①中外关系 –
研究 Ⅳ．①D822

中国国家版本馆CIP数据核字（2024）第000456号

书　　名	驻华大使看中国与世界 *Zhuhua Dashi Kan Zhongguo yu Shijie*
主　　编	王辉耀　苗　绿
责任编辑	罗庆行
责任出版	赵　玥
责任校对	张　琨
出版发行	世界知识出版社
地址邮编	北京市东城区干面胡同51号（100010）
网　　址	www.ishizhi.cn
电　　话	010-65233645（市场部）
经　　销	新华书店
印　　刷	北京虎彩文化传播有限公司
开本印张	710毫米×1000毫米　1/16　16⅛印张
字　　数	200千字
版次印次	2024年1月第一版　2024年1月第一次印刷
标准书号	ISBN 978-7-5012-6751-4
定　　价	128.00元

序　言

当前国际形势的不确定性显著增加，各国唯有精诚合作，才能战胜诸如气候变化、全球经济的包容性复苏等共同挑战。在当前这个全球化的世界中，供应链跨国分布，人员交流密切，人类面临着共同威胁。各国间相互联系、相互依存程度如此之深，使得大使和使馆的作用比以往任何时候都更加重要。这些外交使节成为国家之间在经济、文化、健康、环境等诸多领域交流的关键联络人，他们搭建起了宝贵的沟通桥梁，使彼此能够增进了解，倾听对方的意见，扩大合作与管控分歧，并为应对共同挑战制定联合解决方案。更重要的是，大使们还借助外交技巧、个人关系网以及对当地文化和人民的了解，为政府间关系增添了人情味，推动了外交的发展，在国家之间建立起长久的友谊。

鉴于此，大使们在各个方面发挥的重要作用不容低估。而本书中的特殊大使群体——驻华大使们接触的是对许多国家而言最重要的双边关系之一，以及21世纪全球事务中最引人注目且最重要的方面之一：中国在世界舞台上的崛起。

随着中国在全球经济和全球治理中发挥越来越重要的作用，中国的对外关系受到越来越多的关注。驻华大使们深谙本国政治，同时肩负着紧跟中国与世界脉动的重任，对当代一些重大问题，诸如全球经济发展趋势、地缘政治态势的持续转变以及全球治理面临的机遇和挑战等拥有独到的见解。他们的洞见不仅对政策制定者有益，也能使学术界、企业家、学生和任何期待理解快速变化的世界的人受益匪浅。

自成立之初，全球化智库（CCG）就认识到了驻华大使群体的独特作用和专业能力，并一直努力与世界各国（包括发展中国家和发达国家）的驻华大使建立密切联系。全球化智库接待了多位外国驻京使节到访办公室，并受邀参加外部会议，就经贸关系、地缘政治和全球治理等议题进行面对面交流。

除了这些常规会议，驻华大使们还十分踊跃地参加全球化智库举办的活动。大使圆桌会议现已成为全球化智库年度论坛"中国与全球化论坛"上令人热切期待的固定活动。在2019年举办的第五届中国与全球化论坛上，来自十几个国家的大使就地缘政治和多边主义、"一带一路"倡议和区域贸易一体化等一系列议题坦诚地交换了意见。在2020年11月举办的第六届中国与全球化论坛上，12位大使出席了大使圆桌会议，当时正值国际形势的关键时刻，新冠疫情引发了持续性的全球危机、美国总统大选刚刚落幕不久，与会者讨论了多边合作趋势、气候变化以及如何推动世界贸易组织（WTO）和二十国集团（G20）等多边机构改革等议题。这次活动后不久，全球化智库举办了以"'十四五'时期的中国与世界"为主题的大使圆桌会议，来自60个国家的外交官与会讨论了"十四五"规划下的国际合作新机遇。2021年，全球化智库举办了第七届中国与全球化论坛，其中的大使圆桌会议以"后疫情时代的全球流动和贸易投资自由化"为主题，与会大使们讨论了在新冠疫情的持续挑战下，各国应如何相互合作，推动人员、商品和资本的跨境流动。2022年6月，来自联合国、非盟、欧盟等国际组织和澳大利亚、巴西、法国等多个国家的20位驻华使节在全球化智库主办的第八届中国与全球化论坛上参加"后疫情时期的全球复苏：趋势、挑战与对策"圆桌会议，就疫情对全球贸易及全球经济活力产生的影响，以及亚太经济合作组织、金砖国家、二十国集团等国际组织机构可在推动全球发展议程上采取哪些具体行动等议题展开探讨。2023年9月，在第九届中国与全球化论坛上，大使圆桌会议分别围绕"面向可持续21世纪的中美欧和全球气候对话"和"全球化动荡时期的中欧合作：风险与前景"两个议题展开，来自联合国、欧盟及美国、德国、印度尼西亚等多个国际组织和国家的十几位驻华使节发表了真知灼见。

在这些圆桌会议上，我们发现：驻华大使们的观点既宝贵又颇具启发性——他们不仅对自己的国家进行了介绍，而且就全球事务和中国发展分享了真知灼见。我们一直希望能够与更多人分享这些观点，为开启关于中国、全球化和当代其他紧迫性话题的对话贡献一份绵薄之力。正是本着这种精神，全球化智库编撰了这本由各国驻华大使供稿的著作，希望为审视当今世界提供一种平衡和多元化的视角。

*　　*　　*

本书内容分为三个部分。第一部分为"互利互惠"，收录了来自非洲、美洲、亚洲和欧洲的驻华大使们的文章，介绍了这些国家与中国的双边关系，强调了合作在多个领域带来互利互惠。

首篇文章来自墨西哥驻华大使何塞·路易斯·贝尔纳尔

（José Luis Bernal），他强调了对话和人文关系在发展中墨两国战略伙伴关系过程中的重要性。第二篇文章来自格鲁吉亚驻华大使阿尔赤·卡岚第亚（Archil Kalandia），他对墨西哥驻华大使的观点表示赞同，并在文中介绍了中国与格鲁吉亚两国领导人的高级别对话，格鲁吉亚现已成为"一带一路"倡议的重要参与者。

第三篇文章来自中亚国家阿塞拜疆的驻华大使杰纳利·阿克拉姆（Akram Zeynalli），他在文中讨论了双边关系在抗击新冠疫情中的作用。第四篇文章来自埃塞俄比亚驻华大使特肖梅·托加（Teshome Toga Chanaka），他阐述了平等、互信、互相尊重和共同利益如何成为中非互利关系的基石。

第五篇文章来自西班牙驻华大使拉法尔·德斯卡亚·德·马萨雷多（Rafael Dezcallar de Mazarredo），他在文中阐述了在中国与西班牙贸易关系的推动下，两国开展进一步互利合作。下一篇文章来自非盟驻华代表拉赫曼塔拉·穆罕默德·奥斯曼（Rahamtalla M. Osman），他主要阐述了中非之间的独特关系，尤其是在扶贫领域的独特关系。肯尼亚驻华大使萨拉·塞雷姆（Sarah Serem）撰文讨论了中肯持续60年的双边关系是如何通过"一带一路"倡议而重新焕发活力的。第一部分最后一篇文章来自爱尔兰驻华大使安黛文（Ann Derwin），她着重介绍了随着中国各产业的发展壮大，两国在贸易、研发和绿色金融领域的合作。

第二部分为"共迎全球挑战"，探讨了国际合作对于应对当代最紧迫的问题如新冠疫情、全球经济复苏和气候变化的重要性。

这部分的首篇文章来自斯洛文尼亚驻华大使苏岚（Alenka

Suhadolnik），她从介绍"蓝色大理石"——从太空拍摄的地球的标志性图像，这个全人类共同利益和共同命运的有力象征切入，探讨国际间的合作以改善全球治理，造福未来。下一篇文章来自荷兰驻华大使贺伟民（Wim Geerts），他持续关注环境问题，讲述了荷兰与中国的绿色伙伴关系。

教育是我们解决所有共同挑战的基础，也是芬兰驻华大使肃海岚（Jarno Syrjälä）撰文的主题，他介绍了中芬两国如何共同努力在教育领域取得创新。哥伦比亚驻华大使路易斯·迭戈·蒙萨尔韦（Luis Diego Monsalve）在接下来的一篇文章中讨论了在新冠疫情给全球经济造成挑战的背景下，哥伦比亚与中国的双边贸易发展。

阿尔及利亚驻华大使艾哈桑·布哈利法（Ahcène Boukhelfa）在下一篇文章中讨论了阿尔及利亚的反贫困斗争以及中国对这项工作的支持。新西兰驻华大使傅恩莱（Clare Fearnley）撰文阐述了在新冠疫情暴发后，中国与新西兰之间的贸易如何加速了经济复苏。第二部分的最后一篇文章来自葡萄牙驻华大使杜傲杰（José Augusto Duarte），他重点阐述了不断变化的国际秩序给外交带来的挑战以及通过对话形成共同价值观的必要性。

第三部分为"共创未来"，收录了来自不同国家的六位驻华大使的文章，展望在基础设施、技术、供应链和全球治理等领域的国际合作如何使各国更紧密地联系在一起，共建更加稳定、更加繁荣、更具韧性的世界。

这部分的首篇文章来自埃及驻华大使穆罕默德·巴德里（Mohamed Elbadri），他介绍了中国与埃及的古代文化及其在构建共同的未来愿景中的作用。坦桑尼亚驻华大使姆贝尔瓦·凯鲁基（Mbelwa Kairuki）撰文讨论了两国的合作，尤其是通过"一带一路"倡议开展的合作在共创未来中的作用。

接下来，古巴驻华大使卡洛斯·米格尔·佩雷拉·埃尔南德斯（Carlos Miguel Pereira Hernández）在文章中回顾了中国与古巴两国共同的革命史，以及两国在生物技术、服务业和环境合作领域的伙伴关系。印度尼西亚驻华大使周浩黎（Djauhari Oratmangun）强调了印尼与中国早年间的合作，在文中回顾了海上丝绸之路与明朝的郑和访问南洋的概况。

波兰驻华大使赛熙军（Wojciech Zajączkowski）的文章同样聚焦于共同的未来。他在文中强调了当今世界各国是如何相互依存的，强调了世界需要中国、中国离不开世界。泰国驻华大使阿塔育·习萨目（Arthayudh Srisamoot）在文章中表示，各国需要将蛋糕做大以确保共同繁荣。

* * *

非常感谢所有为本书供稿的大使以及多年来参与我们活动的所有人士。若无诸位倾情奉献智慧与时间，本书就不可能问世。

在本书中分享观点的大使们在自身职业生涯中始终致力于促进国际对话与合作，而这向来也是全球化智库的使命。我们坚信，坦诚、公开的讨论是建立互信和解决我们目前面临的诸多（若非全部）问题的关键，并期待能够与在京的外交界人士进一步开展更加深入的交流与合作。

总而言之，我们希望本书能够为广大读者提供丰富的视角，激发针对这些重要议题的进一步思考与对话。同时，我们将继续努力促进驻华大使、政策制定者、学术界、企业家和各界人士开展讨论，并鼓励来自世界各地的下一代全球青年公民、搭桥人和新秀外交官加入对话，以便我们更好地理解"大变局下的中国与世界"，共同建设更加光明的未来。

王辉耀博士　全球化智库（CCG）理事长
苗　绿博士　全球化智库（CCG）秘书长
2024年1月于中国北京

目　录

第一部分　互利互惠

第二部分　共迎全球挑战

第三部分　共创未来

附录 多国驻华大使
在全球化智库活动上的发言集锦

第一部分 互利互惠

墨西哥和中国不断深化全面战略伙伴关系，以实现互利互惠

何塞·路易斯·贝尔纳尔

　　何塞·路易斯·贝尔纳尔，2017年4月担任墨西哥驻华大使，1956年生于墨西哥的墨西卡利，拥有墨西哥国立自治大学国际关系专业学士学位及墨西哥经济教学与研究中心公共经济学硕士学位，曾担任墨西哥驻韩国大使、驻蒙古国大使、驻朝鲜大使、驻捷克大使、驻瑞士大使、驻列支敦士登公国大使、驻洛杉矶总领事、驻经济合作与发展组织副代表，还曾在墨西哥驻美国大使馆任职（1985—1993年），并在墨西哥外交部的国际经济关系、多边事务和人力资源管理领域担任多个职务。

自2013年以来，墨西哥和中国不断推进全面战略伙伴关系，高度重视政治对话，不断扩大经济与社会合作，努力寻求在全球治理领域的共同点，不断发展有助于深化双边关系的多边协议和机制。

墨中之间战略伙伴关系的重要性源于如下几个因素。近年来，中国一直是墨西哥的主要贸易伙伴之一，是墨西哥第二大进口来源国和第三大出口目的地。对墨西哥来说，中国是一个越来越重要的直接投资来源国，也是一个日益重要的技术、金融和游客来源国。同时，中国同样重视与墨西哥的关系，墨西哥是中国在拉美和加勒比地区第二大贸易伙伴和第八大出口目的国。

墨西哥的经济发展、社会变迁和近代外交政策变化，以及中国过去40年间的经济和社会转型，都推动了两国交流的持续增加。对墨西哥人而言，毫无疑问，中国在世界上的重要性与日俱增，因为中国已成为世界第二大经济体，而按照购买力平价计算，中国早已是世界上最大的经济体。此外，中国也是参与国际贸易最多的经济体，在第四次工业革命的几个前沿领域处于领先地位。

所有这些因素都是墨西哥在对外政策方面优先考虑发展中墨关系的基础，我们希望这种伙伴关系在未来几年会更加紧密。

一、墨中全面战略伙伴关系的构建

1972年墨中建交，这为两国目前的合作和相互了解奠定了基础。随着两国的发展以及参与全球事务的增加，这些基础得到了进一步加强。

在构建全面战略伙伴关系的过程中，高层政治对话是推动两国关系发展的主要动力，是所有部门采取具体行动的抓手。自21世纪初以来，墨中两国高层政治对话不断，最重要的体现是两国领导人之间的频繁接触和部长互访。这种对话还包括两国常设委员会及各种工作组的工作，各种政治对话、战略对话和多边事务双边磋商机制之下的会议，以及负责经贸关系、投资和商界领袖合作的三个高级别小组会议，而这三个高级别小组会议是众多双边关系活动中最具代表性的。

自2018年当选墨西哥总统以来，安德烈斯·曼努埃尔·洛佩斯·奥夫拉多尔（Andrés Manuel López Obrador）总统不断重申墨西哥对中国的重视。墨西哥外交部长、经济部长、农业部长和旅游部长多次访华，两国签署实施了多个新协议，近来在各种协商机制下举办了多次会议，这些都彰显了总统对两国关系的重视。2019年7月，墨中两国外交部长在北京会晤，墨西哥外交部长马塞洛·埃布拉德（Marcelo Ebrard）同中国国务委员兼外交部长王毅就不断深化和加强双边关系的路线图达成一致。这是两国关系向前发展的非常重要一步。

2020年，尽管新冠疫情导致了许多混乱，但墨中关系再次凸显了韧性，两国的直接接触非但没有减少，实际上反而增加了。事实上，自2019年底以来，两国举行了一系列会议并签署了一系列协议：2019年底，两国在北京举行墨中议会对话论坛第四次会议；众多墨西哥企业和政府官员出席2019年11月在上海举行的第二届中国国际进口博览会，双方在会上成功举办墨中企业家高级别工作组第七次全体会议①。两国农产品贸易协议也不断生效，

---

① 墨中企业家高级别工作组第六次全体会议于首届中国国际进口博览会期间在上海成功召开（2018年11月7日），第七次全体会议在墨西哥城召开（2019年12月11日）。——译者注

包括墨西哥香蕉、高粱输华协议。2020年，即使在新冠疫情肆虐期间，仍有许多大事发生，包括召开第十七次墨中外交部间政治磋商会议、第三次墨中多边事务磋商会议、墨中企业家高级别工作组第八次全体会议及所有分组会议，以及签署促进双边贸易的新协议。2020年底，墨西哥参加了第三届中国国际进口博览会，惠及出口商和进口商。

自疫情暴发以来，由于安德烈斯·曼努埃尔·洛佩斯·奥夫拉多尔总统与习近平主席之间的直接沟通及两国外交部长间的持续对话，双方开启了新一轮高级别合作。这些接触对于解决新冠疫情引发的迫切社会需求至关重要，尤其是从中国购买墨西哥新冠患者急需的医疗物资，以及为无法乘坐商业航班返墨的乘客提供便利。上海—墨西哥城绿色通道是将中国医疗设备、个人防护设备以及呼吸机运往墨西哥的重要通道。另外，对于中国中央政府和地方政府以及许多企业对墨西哥卫生服务机构和社会实体的捐赠，墨方深表感谢，因为这些援助对保护墨西哥人民的生命健康发挥了巨大作用。两国卫生部门的线上经验交流也对中国与墨西哥分享遏制疫情的最佳做法发挥了重要作用。

墨中合作的另一重要成果是两国当局和实验室联合研制新冠疫苗。由中国研发的疫苗在墨西哥进行了三期临床试验，这让墨西哥成为首批应用两种中国疫苗的国家之一，墨西哥正计划引进第三种疫苗。

毋庸置疑，这些里程碑式的事件为墨中两国在后疫情时代开展更有力、更深入的合作铺平了道路。

二、经济关系

墨中全面战略伙伴关系的建立极大地推动了双边贸易、互惠投资、旅游以及科技合作。

（一）贸易

据墨西哥官方统计，2019年墨中贸易总额超过950亿美元，延续了近年来的增长趋势。2020年，受新冠疫情冲击，全球经济遭遇严重衰退。在此背景下，墨中贸易额预期将大幅下降。但幸运的是，这种情况并未发生。初步数据显示，2020年双边贸易总额超过800亿美元，墨西哥对华出口略有增长。同时，由于墨西哥经济竞争环境的改善，对华出口有望继续扩大。

事实上，墨西哥在国际贸易和投资中的作用日益加强，近期墨西哥不断改进其重要的对外经济合作协定，如更新《美墨加协定》，更新与欧盟的《墨欧自由贸易协定》，加入《全面与进步跨太平洋伙伴关系协定》（CPTPP），新近（英国脱欧后）通过《墨英贸易连续性协议》，以及深化拉美太平洋联盟框架内一体化进程。所有这些协议使墨西哥成为极具吸引力的投资地，因为墨西哥拥有稳定的法律法规、巨大的物流优势，以及通过可靠和不断现代化的体制结构进入各种市场的可能性。

此外，中国的"双循环"新发展格局将为这些趋势带来额外的推动力，消费和进口将持续扩大，生鲜食品和加工食品领域有望受益，汽车、电子、化工、家电、建材和金属加工等领域的现有价值链有望加强。

（二）中国对墨西哥的投资

新的投资在扩大墨中联系上具有至关重要的作用，投资对地方发展、促进就业、中小企业增长、获取新的技术来源、人力资源构成、培育新的战略联盟以及推动市场和资本多元化有着显著影响。

中国对墨西哥的投资额在亚太国家中居第三位，是墨西哥全球前十大投资来源国之一。中国在墨西哥累计投资约15亿美元。2013—2017年，中国对墨投资增幅315.5%，五分之二的工业园区投资提案来自中国企业。如今，中国企业已经在墨西哥参与成立2000多家公司。中国的投资主要集中在采掘业、贸易、制造业、建筑业以及商业和金融服务领域，许多中国大型企业在墨西哥的发展中发挥着实质性作用。其中比较突出的有华为、滴滴、中兴、海信、阿里巴巴、联想、敏实、金龙铜业、福田、中国石化、中国海洋石油集团有限公司、晶科能源、远景、江淮汽车和北京汽车集团有限公司。此外，中国其他企业也参与了墨西哥的多个基础设施项目。

（三）墨西哥在华投资

墨西哥在华投资额超过两亿美元，宾堡集团（Bimbo，主营产品为烘焙食品）、格鲁玛（Gruma，主营产品为玉米面饼和面粉）、Kuo集团（主营产品为工业化学品）和阿尔法集团［ALFA，通过诺玛科（Nemak）和索菲特（Softek）］在中国有大量的投资。其他企业或是与中企有合作，或是在中国进行分销和营销，它们包括Interceramic（主营产品为地板和瓷砖）、塔姆萨（Tamsa，主营产品为钢管）、乐口泰（La Costeña，主营产品为食品）、Villacero集团（主营产品为钢铁）、蒙塔萨（Metalsa，主营产品为汽车零部件）、Latin Asia（主营产品为食品）、伍斯特（Worcester，主营产品为阀门）、圣尼斯（Seminis，主营产品为蔬菜种子）、Xignux（主营产品为电缆和变压器）、IDEAL（主要提供基础设施项目分析）和Femsa Cerveza（主营产品为啤酒）。

（四）制定新的推广策略

考虑到墨中两国在上述领域的联系，墨西哥政府采取长期性战略，与各部门协力开展推广活动，这促使墨西哥外交部近期重新制定了全球推广任务，与经济部和其他部门以及双边伙伴关系中涉及的各种商业协会合作。要想进一步促进墨中互惠经济关系的发展，最重要的是墨西哥企业继续参与每年在中国举行的主要推广活动，如在上海举办的中国国际进口博览会、中国进出口商品交易会（广交会）、中国农产品批发市场行业年会，以及其他区域性和专门性活动。同样重要的是参加各种区域间会议，如中国—拉美企业家高峰会、亚太经济合作组织各商业论坛和太平洋联盟国家组织的联合推广活动，以及其他具有重大影响的活动。

三、人文交流是墨中伙伴关系的核心

在重视两国经济关系的同时，双方通过旅游业、教育和文化交流、发展合作，以及交流公共政策制定经验，努力促进更多的社会性接触。

从这个意义上讲，墨西哥在中国密集的文化活动使得双边关系更加融洽、相互了解更加深入。墨西哥每年都会参加各类中国文化艺术节活动，内容涵盖文学、造型艺术、音乐、电影摄影和表演艺术以及墨西哥美食。通过这些活动，我们努力在中华大地上传播我国的良好形象，促进墨西哥旅游业和文化创意产业的发展。

学习普通话和西班牙语是拉近墨中两国人民关系的另一种方式。目前，在中国有超过5.5万人学习西班牙语，而在墨西哥，数千名学生在6所孔子学院学习汉语和中国文化。

通过墨中双边优秀奖学金项目和墨西哥政府为外国人提供的特别项目，两国高校保持着密切联系，促进了跨国学术交流。一些墨西哥大学在中国建立了联络处，如墨西哥国立自治大学、蒙特雷科技大学和韦拉克鲁斯大学；中国重点大学与墨西哥大学的联合研究项目和各墨西哥研究中心承接的长期任务也越来越凸显重要性。

据墨西哥全国大学和高等教育机构协会统计，近年来，中国是墨西哥学生开展海外学术交流的第十大首选目的地，也是墨西哥第六大留学生来源国。为了保持这种交流水平，墨西哥和中国重点大学的校长通过中墨大学校长论坛开展长期对话，该论坛第三届会议于2019年10月在墨西哥城举行。

（一）旅游

在新冠疫情导致国际旅行受限之前，墨中之间的旅游往来反映了两国人民对进一步了解彼此文化和参观热门旅游景点的兴趣日益浓厚。截至2019年底，每周有11个班次的航班直飞墨西哥和中国，再加上经由北美和欧洲的许多航班，带动了墨西哥旅游业的持续增长：2019年，近20万中国游客赴墨旅游。墨西哥还制定了雄心勃勃的目标，旨在未来几年增加中国游客数量。为此，墨西哥旅游部制定了一项新的对华旅游全面推广战略，涉及航空公司、地方政府和国家政府以及酒店业等所有相关主体，一旦墨中两国在后疫情时代恢复定期往来，我们就准备重启该战略。

（二）多边论坛对话

在多边领域，墨中两国在联合国体系中的各种论坛、二十国集团、亚太经济合作组织、中国—拉共体论坛、东亚—拉美合作论坛以及其他磋商和协调机构积极推动关于全球治理的讨论。两国在减贫、建立规则明确的多边贸易体系、应对气候变化、寻求创新合作方案以促进可持续和包容性增长等议题上具有共同利益。

2020年，中国政府对墨西哥在联合国提出的第74/274号决议给予了积极支持，该决议旨在确保全球能够公平地获得应对新冠疫情的药物、疫苗及医疗设备。两国政府还分别通过参与新冠疫苗实施计划支持此项决议。

墨西哥当选为2021—2022年联合国安理会非常任理事国将使两国在捍卫多边主义方面的联系更加紧密。这些行动和最近重启的对多边问题的双边磋商让我们能够期待两国在这一领域加强合作。

（三）区域论坛合作

传统上，中国和拉美及加勒比地区的许多国家通过中国—拉共体论坛部长级会议开展了卓有成效的对话。过去的一年里，两个相关因素极大地推动了中拉对话。第一，新冠疫情促使两国积极开展抗疫合作以应对这一全球性威胁。第二，墨西哥担任拉共体2020—2021年度轮值主席国，这体现了墨西哥与太平洋两岸区域的良好关系。

在中拉合作大背景下，过去几个月举办了几场重要的部长级会议，包括第二届中拉科技创新论坛、中拉数字技术抗疫合作论坛、第二届中拉农业部长论坛，以及其他交流抗击新冠疫情经验的专门视频会议。

最近墨西哥的拉共体轮值主席国一职被一致同意延长到2021年，这将巩固墨西哥政府在中拉之间发挥的有效桥梁作用，墨西哥将在任期内组织中国—拉共体论坛第三届部长会议①。

此外，2021年夏天将在重庆举行第十四届中国—拉美企业家高峰会。②

四、双边关系中的紧急优先事项

新冠疫情造成的前所未有的卫生危机将使两个领域的工作在今后变得更加重要，其中一个是科技合作，另一个是公共政策经验交流。

中国在前所未有的情况下采取的非常规措施，在不同领域取得了不可否认的成果，其他国家无疑能够从中学到良好的公共政策实践经验。中国在以下方面的做法尤其值得关注：为遏制疫情所采取的卫生措施、社会保护政策、经济复苏行动、技术研发以及国际合作新模式。考虑到这些政策对全球经济的影响以及可能带来的经济合作机会，关注这些政策对墨西哥来说非常重要。我们还可以携手推动重新审议全球治理规则，尤其是在联合国2030年可持续发展议程和应对气候变化共同行动中与人类发展有关的

---

① 2021年12月3日晚，中国—拉共体论坛第三届部长会议以视频方式举行。——译者注

② 2021年11月16日，第十四届中国—拉美企业家高峰会在重庆以线上线下相结合方式举办。——译者注

领域，这是最紧迫的任务之一。

五、庆祝墨中建交50周年

2022年2月14日，墨中将庆祝两国建交50周年。一直以来，两国关系充满活力，双边议程不断发展、不断变化，对两国多个部门产生影响。这50年是互相理解、互学互鉴和通力合作的50年，我们确信，两国之间的纽带将进一步深化双边关系，充分发挥两大文明之间巨大的合作潜力。

鉴于世界环境正在发生根本性变化，现在正该是集体重新思考未来的时刻。中国和墨西哥可以在两国50年牢固关系的基础上做到这一点。墨方将坚持不懈地推进墨中全面战略伙伴关系，在六个相互关联的领域采取行动：

第一，努力使墨中交流至少恢复到与新冠疫情暴发前几年相当的水平，短期内加强在卫生问题上的合作。

第二，巩固已经取得的进展，尤其是在政治对话和双边关系体制框架方面。

第三，在贸易、投资、技术、旅游、文化交流、教育和发展合作等最具发展潜力的领域深化合作。

第四，将新领域、新协议和新参与者纳入这一战略伙伴关系。

第五，促进墨中双方在全球和区域问题上深化交流。

第六，根据不断变化的国内和国际形势，探索未来合作的新方案。

这些措施将有助于墨中两国开展更加广泛和长期的合作。我们准备坚定地沿着这条拟定好的路径继续前行。

格鲁吉亚与中国的双边关系

阿尔赤·卡岚第亚

　　阿尔赤·卡岚第亚，2018年担任格鲁吉亚驻华大使，1999—2004年在第比利斯亚非学院东方国家经济系学习，2013年获得格鲁吉亚技术大学社会科学博士学位，曾在高加索大学和格鲁吉亚圣安德鲁大学担任讲师，2005年加入格鲁吉亚外交部东方事务司，自此开始职业外交生涯，历任亚非澳和太平洋国家司一等秘书（2007—2013年）、代办（2013—2014年）和参赞（2014—2017年），格鲁吉亚驻华大使馆高级参赞（2017—2018年）。

　　格鲁吉亚和中国都是拥有悠久历史和独特文化的文明古国。自1992年建交以来，两国发展形成了广泛、互利、面向未来的关系。

　　首先，我想强调的是，双边关系正在蓬勃发展。中格是两个有着多重历史、文化和社会联系的国家。这种深厚的底蕴让两国能够彼此尊重和钦佩。

　　在政治层面上，格鲁吉亚政府和中国政府全力深化双边伙伴关系，双方高层接触和互访频繁，产生了积极影响，企业合作和民间合作持续增加，并转化为使两国人民受益的各种联合项目。

一、政治接触和高层互访

　　尽管格中两国远隔重洋，在面积和人口上也差距悬殊，但两国在互相尊重和平等的基础上，在国际事务方面建立了良好的合作关系，发展出了堪称典范的双边关系。中国作为联合国安理会常任理事国和全球事务的重要参与者，能够旗帜鲜明地维护国际法和《联合国宪章》的基本原则，坚决支持格鲁吉亚的主权和领土完整，这一点对格鲁吉亚来说非常重要。格鲁吉亚方面则坚定奉行一个中国原则。

　　如前所述，双方高层互访频繁。2016年5月，中国国务院副总理张高丽率代表团对格鲁吉亚进行了正式访问。在这次访问的框架下，双方代表签署了两国政府间经济技术合作协定，格鲁吉亚经济和可持续发展部与中国商务部也签署了一份合作谅解备忘录。

　　2015年9月，格鲁吉亚总理伊拉克里·加里巴什维利（Irakli Garibashvili）率团访华。访问期间，加里巴什维利总理与亚洲基础设施投资银行行长等举行了几次高级别会晤，还参加了在大连举行的世界经济论坛，并在论坛上发表了关于"现代丝绸之路"的讲话。

2017年11月，中国商务部副部长钱克明出席了第比利斯丝绸之路国际论坛，并与格鲁吉亚第一副总理兼经济和可持续发展部部长迪米特里·库姆西什维利（Dimitry Kumsishvili）举行了双边会晤。论坛在格鲁吉亚举行，凸显了格鲁吉亚在"一带一路"倡议中的重要性。格鲁吉亚总理乔治·格奥尔基·克维里卡什维利（Georgia Giorgi Kvirikashvili）在官方招待会上接待了第比利斯丝绸之路国际论坛与会人员。

2018年8月，格鲁吉亚副总理兼地区发展和基础设施部部长玛雅·茨基季什维利（Maya Tskitishvili）女士率团访问了乌鲁木齐，[①] 其间，她与中国国务院副总理胡春华和新疆维吾尔自治区政府主席雪克来提·扎克尔举行了双边会谈。会谈的主要议题之一是发挥铁路及其他交通网络的潜力，确保中国货物通过格鲁吉亚运往欧洲，更好地利用跨里海国际运输线（即"中间走廊"）。双方会谈的重点是在格鲁吉亚正在建设和计划建设的大型基础设施项目。

2018年11月，50多家格鲁吉亚公司在上海举办的中国国际进口博览会上亮相。格鲁吉亚总理马穆卡·巴赫塔泽（Mamuka Bakhtadze）出席了习近平主席主持的开幕式。巴赫塔泽总理与习近平主席及参展国代表团团长一道参观了展览场地。这是展示格鲁吉亚出口潜力、探索合作新途径、与"一带一路"倡议参与国发展互利共赢经贸伙伴关系的绝佳契机。

---

① 玛雅·茨基季什维利女士一行还出席了第六届中国—亚欧博览会。——译者注

2019年4月，格鲁吉亚副总理兼地区发展和基础设施部部长玛雅·茨基季什维利女士访问中国，率团出席了4月25—27日在北京举行的第二届"一带一路"国际合作高峰论坛。她在讲话中指出，"一带一路"倡议对格鲁吉亚来说非常重要，本国正积极参与推动其发展。她指出，格鲁吉亚是首批在2015年3月签署关于共建"一带一路"合作备忘录的国家之一。茨基季什维利谈到了格鲁吉亚在该地区的战略重要性、发达的交通和海关基础设施、有利于商业发展的政治环境、强大的对外贸易关系和自由工业区。玛雅·茨基季什维利女士与中国交通运输部部长李小鹏在北京签署了一项关于国际道路客货运输合作政府间协定。这项协议的签订标志着两国关系向前迈出了一大步，提升了运输的价格竞争力，并带来了额外好处。

2019年7月1日，格鲁吉亚总理马穆卡·巴赫塔泽访问中国大连市，与中国国务院总理李克强举行会谈。李克强表示，中格关系在相互尊重、平等相待基础上持续、健康、稳定发展。格鲁吉亚是欧亚地区首个同中国签订自由贸易协定的国家。中方愿将双方发展战略更好地衔接，充分发挥格鲁吉亚的地理区位优势，在共商、共建、共享的原则下开展"一带一路"合作。李克强总理还表示，中方愿在平等互利基础上扩大相互投资，本着公开透明、平等竞争等商业原则，加强互联互通和基础设施建设，深化人文领域交流互鉴，不断促进两国民众的相互了解和友谊。马穆卡·巴赫塔泽总理表示，格中高层交往密切，政治互信牢固。格方积极支持共建"一带一路"，欢迎中方企业扩大对格投资，愿同中方扩大双边贸易规模，密切人文和文化等领域合作，实现互利共赢。

2019年11月，格鲁吉亚经济和可持续发展部部长纳蒂亚·图尔纳瓦（Natia Turnava）女士访问上海并出席了在11月5—10日举行的中国国际进口博览会，在会上就国际贸易和物流问题发表了讲话。访华期间，图尔纳瓦部长与甘肃省省长唐仁健就深化双边经贸关系进行了交流。在谈到格鲁吉亚的投资潜力时，图尔纳瓦表示格方愿意加强与中国各省份的交流合作。

格鲁吉亚议会和中国全国人大之间的合作也在不断深化。政治人物之间的密切互动为加深相互了解创造了适宜的环境。格鲁吉亚议会格中友好小组和中国全国人大中格友好小组的成立扩大了双边关系范围。

2015年6月，中国全国人大常委会副委员长陈昌智访问格鲁吉亚，与格鲁吉亚议会议长大卫·乌苏帕什维利（David Usupashvili）举行了会谈。双方就格议会与中国全国人大之间的合作和未来前景交换意见，并发表了联合声明。这对格鲁吉亚议会来说意义重大，也是双方志在强化双边关系的有力证据。

相应地，2015年10月，格鲁吉亚议会议长大卫·乌苏帕什维利率团访华，出席了亚洲政党丝绸之路专题会议，并与中国国家主席、全国人大常委会委员长及其他官员举行了会谈。

格鲁吉亚外交部与中国外交部紧密合作。年度双边政治磋商是两国在双边和全球问题上探索新机遇、相互协调和了解彼此观点的重要框架。

2018年12月，时任中国外交部部长助理张汉晖在北京同格鲁吉亚外交部副部长亚历山大·赫夫季夏什维利（Alexander Khvtisiashvili）举行两国外交部第七轮政治磋商。双方就两国关系、共建"一带一路"合作以及共同关心的国际和地区问题深入交换了意见，表示将共同努力，推动中格友好合作关系不断向前发展，更多惠及两国人民。

2019年5月24日，中国国务委员兼外交部长王毅对格鲁吉亚进行正式访问，与格鲁吉亚外交部长大卫·扎尔卡利亚尼（David Zalkaliani）举行会谈。会谈前，两国外交部长发表声明，对近年来双方在双边和多边合作上取得的积极进展感到满意。大卫·扎尔卡利亚尼表示，王毅访格具有历史意义，因为这是中国外交部长23年来首次对格进行正式访问。王毅祝贺格鲁吉亚人民的独立日，重申中方尊重格鲁吉亚的主权和领土完整。双方就一系列共同关心的问题深入交换了意见，确定贸易、投资和运输为重点优先合作领域，还就在国际组织框架内开展合作交换了意见。双方极为重视"一带一路"倡议的重要性和格鲁吉亚的深度参与。王毅强调，中方愿与格方建设互联互通的运输伙伴（关系），助力格方发挥地缘优势，成为连接欧亚大陆的桥梁。双方讨论的重点是格鲁吉亚在领土完整方面所面临的挑战。大卫·扎尔卡利亚尼认为，中方对格方主权和领土完整的支持极其宝贵，并重申格鲁吉亚将继续坚定奉行一个中国原则。双方指出，中国是一个重要的投资国，在中国的参与下，格鲁吉亚实施了越来越多的项目，包括基础设施建设项目。两国外交部长表示，希望深化两国务实合作，推动两国关系迈上新台阶。中国外交部长还与格鲁吉亚总统萨洛梅·祖拉比什维利（Salome Zurabishvili）和总理马穆卡·巴赫塔泽举行了会晤。

2019年10月，中国政府欧亚事务特别代表李辉对格鲁吉亚进行访问并出席第三届第比利斯丝绸之路国际论坛，与格鲁吉亚副总理兼地区发展和基础设施部部长玛雅·茨基季什维利女士和外交部长大卫·扎尔卡利亚尼先生举行了会谈。

二、双边经济合作、自由贸易协定与
"一带一路"倡议

近年来，中国显然已经看到格鲁吉亚的潜力。格鲁吉亚享有有利的欧盟市场准入（条件）[①]、具有投资友好的税收政策、在黑海具有战略地位，在这一背景下，中国与格鲁吉亚的投资合作在全方位展开并将进一步扩大。

中国是格鲁吉亚五大贸易伙伴之一（位列第三）。《中格自由贸易协定》[②]自2018年1月起生效。该协定覆盖格方对华出口的几乎95%的产品，促使双边贸易额大幅增长，2018年、2019年和2020年的双边贸易额都超过10亿美元。

尽管新冠疫情暴发，2020年格中贸易额仍达12亿美元，与2019年同期相比增长10%以上（出口额达4.7627亿美元，进口额达7.0875亿美元）。

自由贸易协定签署以来，中格双边关系迈上新台阶，成为互利合作的典范。根据该协定，以下格方产品可免税进入中国市场：葡萄酒、矿泉水、非酒精饮料、茶叶、水果、蔬菜、坚果等。格鲁吉亚视中国为重要合作伙伴，愿意成为中国企业拓展业务及欧洲市场的良好基地，因为格鲁吉亚是该地区唯一一个与欧盟、土耳其和中国都签署了自由贸易协定的国家。

此外，格鲁吉亚与中国香港特别行政区之间的自由贸易协

[①] 与欧盟签订了联系国协定。——译者注

[②] 全称为《中国和格鲁吉亚自由贸易协定》，于2018年1月1日正式生效，这是我国与欧亚地区国家签署的第一个自由贸易协定。根据该协定，中方对从格方进口的93.9%的产品实施"零关税"，格方对从中方进口的96.5%的产品实施"零关税"。——译者注

定①自2019年2月开始生效。该协定旨在确定中国香港与格鲁吉亚之间货物自由流动条款和促进服务贸易。双方之间的协议还涉及海关和贸易、知识产权、贸易技术壁垒、卫生和植物检疫措施等方面内容。

近年来，格鲁吉亚葡萄酒在中国市场上大受欢迎。在中国各地，格鲁吉亚酒庄、沙龙、餐馆和商店为中国消费者提供各种类型的格鲁吉亚葡萄酒。2018年格鲁吉亚葡萄酒对华出口量为700万瓶（价值2000万美元）。中国是继俄罗斯和乌克兰之后格鲁吉亚第三大葡萄酒出口目的国（按价值计算，占葡萄酒出口总额的10%）。2019年格鲁吉亚对华葡萄酒出口量为709万瓶（价值1886万美元）。

在新冠疫情暴发前，旅游业是格鲁吉亚经济中最具发展活力的领域之一。受益于游客数量的持续增长，旅游业为格鲁吉亚创造了就业机会并带来了收入盈余。例如，2010年格鲁吉亚只接待了200万人次国际访客，但2019年的访客和游客人数超过了900万，其中有超过4.8万名游客来自中国。我坚信，两国在旅游领域合作潜力巨大。根据格鲁吉亚国家旅游战略，到2025年，国际游客将达到1100万人次。为了吸引更多亚洲和欧洲国家游客，格鲁吉亚政府出台了一项十年规划，将采取重要措施，包括建设旅游基础设施、为国际旅行提供便利、提升服务质量、面向国内和国际市场进行宣传推广。

当前，习近平主席提出的共建"一带一路"倡议已成为中格关系的亮点。格鲁吉亚地处欧亚交界处，地理位置十分重要。通

---

① 即《中国香港与格鲁吉亚自由贸易协定》，该协定于2018年6月28日签订，2019年2月13日生效，涵盖货物贸易、服务贸易、投资准入、争端解决机制等内容，让两地商家和投资者可享受优惠待遇进入对方市场。——译者注

过跨里海国际运输线，格鲁吉亚将中国和欧洲连接起来，从中国出发的货物12—14天就能到达欧盟国家。古丝绸之路的复兴为格鲁吉亚提供了一个绝佳的机会，格鲁吉亚可以利用其运输潜力和过境地位，积极参与国际贸易。格鲁吉亚一直在与其他伙伴国家一道积极开发跨里海国际运输线，该运输线以东南亚和中国为起点，横跨哈萨克斯坦、里海、阿塞拜疆、格鲁吉亚，到达欧盟国家。

"一带一路"倡议已成为一项重大议程，会集了决策者和高管、国际机构和商界代表，以及全球的学者和舆论界人士，共同探讨新思路和现有挑战。中国复兴古丝绸之路的倡议已成为一项世纪工程。通过这项倡议，欧洲和亚洲深度参与全球贸易，共同致力于经济发展，这是维护欧亚稳定的关键。这一雄心勃勃的倡议囊括了许多特色元素，在格鲁吉亚汇聚在一起，而格鲁吉亚长期以来一直是东西方文明交会的十字路口。格鲁吉亚前所未有的自由贸易协定网络从欧盟延伸到中国，使其成为"一带一路"倡议的重要参与者。良好的投资环境、商业便利性、低税收制度和完善的体制使格鲁吉亚成为世界上对外国投资最友好的国家之一，增强了格鲁吉亚对外国直接投资的吸引力。格鲁吉亚将继续大力投资现代基础设施，包括高速公路、铁路、海港以及信息和通信技术网络等。对欧洲来说，想要向东开发亚洲市场，那么格鲁吉亚就是一个天然的物流枢纽。格鲁吉亚很高兴能够担负起"中间走廊"骨干的重任，并在"新丝绸之路"上发挥好纽带作用。

"一带一路"倡议不仅促进了各国间的互联互通，也为各国的经济发展和国际合作提供了新机遇。"一带一路"倡议强化了格鲁吉亚作为地区交通枢纽的独特地理位置，并带来了额外的投资、工业发展和就业机会。基础设施和物流是中格未来合作的重点领域。格鲁吉亚欢迎更多中国工程企业在格投资兴业。同时，随着中国的进一步开放，越来越多的格鲁吉亚企业也将进入中国市场。

三、教育与文化交流

格中两国都特别重视人文交流，两国文艺团体定期互访。格鲁吉亚第比利斯自由大学和第比利斯开放大学开设了两所孔子学院。格鲁吉亚一些高等院校和中学也都开设了汉语课程。每年都有数十名格鲁吉亚学生获得中国政府奖学金，赴中国留学。每年都有越来越多的汉语教师和志愿者赴格协助教授汉语和中国文化。令我感到十分高兴的是，格鲁吉亚有2000多名讲汉语的本土学生。

2019年2月，格鲁吉亚教育、科学、文化和体育部长米哈伊尔·巴提亚什维利（Mikheil Batiashvili）与时任中国驻格大使季雁池签署了关于在格鲁吉亚促进汉语教学的谅解备忘录。

2019年7月24日，在大使馆的积极参与和支持下，Ira Kokhreidze Inclusive Theater剧团参加了北京国际青年戏剧节，将《接触》（Contact）一剧改编为同名戏剧上演。《接触》是一部深刻的心理学剧，主要讲述了生而为人的使命和重要意义。该剧团的主要演员是一些有特殊需要人士（患有唐氏综合征、自闭症谱系障碍、失明、地中海贫血等疾病），年龄为14—30岁。此外，剧团还有一些经典演员和艺术家。由于剧团人员的构成特殊，此类巡演对他们融入社会和获得职业体验来说非常重要。在演出期间，剧团成员还参观了北京。

在格鲁吉亚驻华大使馆的倡议以及格鲁吉亚教育、科学、文化和体育部的支持下，2019年8月28日，格鲁吉亚国家歌舞团埃里西奥尼（Erisioni）开始在中国巡演。8月30日，该乐团参加了由中国文化和旅游部举办的第十二届中国国际青年艺术周·广州开幕式音乐会，格鲁吉亚著名钢琴家乔治·米卡德泽（Giorgi Mikadze）进行了表演。9月6日，在大使馆组织的"格鲁吉亚文化日"活动上，埃里西奥尼歌舞团在北京举行了独奏音乐会。9月13日，应中央广播电视总台邀请，埃里西奥尼歌舞团参加了中国最受欢迎的电视联欢晚会之一——中秋晚会。该晚会以现场直播方式播出，6亿观众观看了演出。在演出前，我向观众致辞，强调有必要在中国举办类似活动来增进中国人民对格鲁吉亚的了解，以及加强文化领域双边合作的重要性。中国各政府机构、外交使团、当地媒体和格鲁吉亚侨民代表观看了演出。

四、为什么格鲁吉亚是最佳投资地？

（一）格鲁吉亚是世界上运营成本最低的国家之一

一个国家的商业友好度也体现在运营成本上。如今，格鲁吉亚一些公共事业的成本和税率是欧洲最低的，工资也十分具有竞争力，这使格鲁吉亚成为欧洲和周边地区成本效益最高的国家之一。格鲁吉亚75%的电力来自水电和风电，既便宜又环保。自2017年起，利润再投资的企业利得税为0%，社会保障缴款仅为2%。世界银行数据显示，格鲁吉亚精简的税收制度使其整体税率达到全球第三低。缴税程序简单透明，企业可通过商业银行在线纳税，最大限度地减少了烦琐程序和官僚作风。此外，我国还有四个自由工业区提供额外的税收优惠（参见表1）。

表1　税目和税率

税收种类	税率
留存利润税（再投资）	0%
企业所得税	15%
增值税	18%
消费税	依商品类目不同
个人所得税	20%
财产税	<1%
进口税（视进口货物而定）	0%、5%、12%

税收政策只是营商便利性的一个体现。事实上，在格鲁吉亚创业时，你首先注意到的是一切是如此简单透明。格鲁吉亚在世界银行2020年营商环境便利度排名中位列第七。这不仅仅是一个排名，更是一种你能够切切实实感受到的便利。例如，创办企业或注册房产只需几个小时，而且只需在一个办事机构即可完成相关手续。与任何政府组织打交道都同样轻松和简便。无论是获取许可证或执照还是与海关打交道，一切都是透明、公平的，最重要的是无须花费太多时间（参见表2和表3）。

表2　熟练工人平均月薪（含社保）

国家	薪资（美元）
埃及	409
格鲁吉亚	435
土耳其	539
塞尔维亚	609
摩洛哥	878
罗马尼亚	934
匈牙利	981

资料来源：根据英国《金融时报》旗下的外国直接投资数据库2020年发布的数据制作。

表3 电费

国家	电费（欧分/千瓦时）
格鲁吉亚	6.6
土耳其	8.9
罗马尼亚	9.2
埃及	9.7
塞尔维亚	10.7
摩洛哥	12.4
匈牙利	18.0

根据Trace International Matrix 2020版全球商业风险贿赂指数，在经商时最不需要频繁与政府打交道方面，格鲁吉亚居第一位。这再次证明了格鲁吉亚少有官僚主义困扰和具备良好的营商环境。

（二）格鲁吉亚拥有大量熟练劳动力

格鲁吉亚历来是所在地区的教育中心，如今有60多个高等教育机构和65个职业教育中心，培养出一批又一批专业人才，过去5年里有超过15万名学生毕业。尽管格鲁吉亚国土面积狭小，但这里的教育发展令人印象深刻。新落成的库塔伊西国际大学将进一步加强格鲁吉亚在所在地区的教育中心地位，该大学满额可容纳6万名学生。库塔伊西国际大学与慕尼黑工业大学合作办学，前者将开设职业教育、本科和研究生学位课程，并提供科技研究机会。库塔伊西国际大学将与第比利斯国立大学、第比利斯技术大学和第比利斯伊利亚大学等区域性知名大学合作，这些大学与圣地亚哥州立大学已有合作关系。再加上蓬勃发展的国际商业服务部门具有的多语言能力，格鲁吉亚已经准备好为投资者提供熟练的劳动力和积极进取的人才库，可以帮助企业实现目标并取得成功。

（三）政府提供额外财政奖励

电气和电子产品制造、飞机零部件制造和飞机维修、汽车零部件制造、商业服务出口/业务流程外包、仓库和物流中心开发等领域的企业可以申请参加"投资格鲁吉亚"的特殊外国直接投资补助计划。该计划提供报销雇员培训和基础设施升级的部分费用。除了外商直接投资补助金，制造业项目还可免费获得国有资产（土地或建筑）。在格鲁吉亚招募客服的互联网技术和海事企业，企业所得税和个人所得税都低至5%。此外，制造业和酒店业项目还可获得贷款贴息或抵押贷款补贴。

（四）格鲁吉亚在多个国际排行榜中名列前茅

格鲁吉亚有利的投资环境获得国际机构的良好评级，在世界银行《全球营商环境报告2020》中，格鲁吉亚的营商便利性在190个国家中居第七位。

穆迪投资者服务公司将格鲁吉亚主权信用评为Ba2级，并对我国前景持续看好。

在《华尔街日报》和美国传统基金会发布的2020年《经济自由度指数》中，格鲁吉亚在180个国家中位列第十二，在欧洲位列第六。

格鲁吉亚在《福布斯》2019年度"最佳商业国家"榜单中居第44位（共161个国家）。

（五）热情好客的人民、独特的文化和迷人的自然风光

格鲁吉亚风景瑰丽多姿、气候多样、自然资源丰富，文化、历史和艺术丰富多彩。这里有山，有海，有古城，有保护区，有500多种独特的葡萄酒，还有享誉世界的美食，每个来这里的人都不虚此行。任何人，无论是与家人同行还是独自旅行，都能找到自己喜欢的活动，无论是徒步旅行、滑雪、在海滩上享受日光浴还是狂欢到清晨，格鲁吉亚都会让你欲罢不能。并且，幸运的是，格鲁吉亚总能带给你更多意想不到的惊喜。

如果企业想寻找一个能够顺利进入全球市场的投资场所、拥有优秀人才的投资场所、具有成本竞争力的投资场所、营商便利的投资场所或具备上述所有条件的投资场所，那么格鲁吉亚是不二之选。

格鲁吉亚向投资者传达的信息相当简洁明了：格鲁吉亚是全球企业投资的绝佳目的地，是进入区域市场、欧洲市场，以及更广泛的亚洲市场的最佳原点。格鲁吉亚是一个开放的国家，外资企业和本土企业都可以在这个国家获得发展，与这个国家一起成长。

五、合作抗击新冠疫情

中国采取了创新性措施来应对新冠病毒，并为保护人民生命健康安全付出了巨大努力。中国的作为是了不起的，为世界上许多国家树立了榜样。

2020年3月，四川省政府向格鲁吉亚捐赠1008人次的新冠病毒快速检测试剂盒以及其他呼吸道病毒快速检测试剂盒，价值约

42万美元。3月14日，这批人道主义援助物资被运往格鲁吉亚。在格鲁吉亚驻华大使馆的支持和积极参与下，格方与中国8家医疗产品制造商展开谈判，最终购买了约52吨医疗物资。除采购到的医疗产品，中国政府还额外捐赠了新冠病毒检测试剂盒，以人道主义援助物资的形式运往格鲁吉亚。

2020年4月29日，在格鲁吉亚驻华大使馆的支持和参与下，格方购买的数十吨医疗产品被运往格鲁吉亚。特别是在大使馆的努力下，总计55吨医疗物资经由特别包机从北京运往第比利斯，其中包括6万个新冠病毒检测试剂盒。

格鲁吉亚人民和政府非常感谢中国政府在此艰难时期的支持。从疫情暴发时起，格中流行病学家就积极展开合作并交流重要信息，这使我们能够为应对新冠疫情的传播做好准备，中国捐赠的医疗用品、设备、材料以及新冠病毒检测试剂盒在我们与这种致命病毒的斗争中发挥了重要作用。现在我们也在继续与中国同事密切合作开发疫苗。只有通过共同努力和相互合作，才有可能与对全球造成如此破坏性影响的无形敌人作斗争。

两国关系已经取得诸多务实成果，进一步合作的潜力仍然巨大。在后疫情时代，格鲁吉亚驻华大使馆将不遗余力地加强和深化两国的友谊和伙伴关系。

阿塞拜疆和中国经济伙伴关系
蓬勃发展的三大法宝：
长期的友谊、坦诚的政治对话与互利合作

杰纳利·阿克拉姆

　　杰纳利·阿克拉姆，2017年担任阿塞拜疆驻华大使，拥有巴库国立大学国际法和国际关系专业学位，在阿塞拜疆政府从事外交工作已逾20年，1999—2012年先后在阿塞拜疆外交部不同部门及阿塞拜疆驻布鲁塞尔、雅典和日内瓦外交使团任职，2012—2017年担任阿塞拜疆驻瑞士大使。

阿中两国人民的交往历史悠久，友谊深厚，两国交往历史最早可追溯至古丝绸之路时期。早在2500年前，两国人民就通过古丝绸之路保持着贸易和文化联系。12世纪，阿塞拜疆最伟大的诗人尼扎米·甘贾维（Nizami Ganjavi）在《七美人》（*The Seven Beauties*）[①] 诗卷中描述了一位美丽的中国女士，这也证明了两国人民之间存在着悠久的文化联系。

1992年，阿塞拜疆与新中国建交，阿塞拜疆共和国领导人、已故总统盖达尔·阿利耶夫（Heydar Aliyev）1994年对中国进行了国事访问，这为双边关系奠定了坚实基础。此后，阿中两国本着友好合作、相互信任、相互尊重的精神不断推动双边关系发展，在双方有切身利益和重大关切的问题上相互支持。

伊利哈姆·阿利耶夫（Ilham Aliyev）总统2005年和2015年对中国的国事访问，均证明了两国元首进一步发展和深化双边关系的共同意愿。访问期间，阿中双方签署了诸多文件，其中《阿塞拜疆和中国联合声明》[②] 和《阿塞拜疆政府和中国政府关于共同推进丝绸之路经济带建设的谅解备忘录》[③] 对稳步和迅速扩大双边合作具有极其重要的意义。

阿中政治互信不断加强，各方面合作持续深化。在这方面值得强调的是，近期的高层互访对于繁荣双边关系、加强阿中政治经济对话具有重要意义。应习近平主席邀请，伊利哈姆·阿利耶夫总统出席了2019年4月举行的第二届"一带一路"国际合作高峰论坛。论坛期间，两国元首举行了卓有成效的双边会晤，反映

---

① 尼扎米·甘伽维最重要的作品《五卷诗》中的第四卷。——译者注

② 此处指2005年3月17日中国和阿塞拜疆在北京签署的《中国和阿塞拜疆联合声明》。——译者注

③ 中方名称为《中国政府和阿塞拜疆政府关于共同推进丝绸之路经济带建设的谅解备忘录》。——译者注

了两国高层扩大双边关系的政治意愿和承诺。此外，必须强调的是，中国全国人大常委会委员长栗战书、国务委员兼外交部长王毅和中共中央对外联络部部长宋涛于2019年对阿塞拜疆进行正式访问，这也有助于两国进一步巩固政治互信。

同时，阿中政府间经贸合作委员会第七次会议于2019年在北京成功举行，阿塞拜疆副总理沙欣·穆斯塔法耶夫（Shahin Mustafayev）率团参加了第二届中国国际进口博览会，阿塞拜疆前副总理哈吉巴拉·阿布塔利博夫（Hajibala Abutalibov）正式访华出席北京世界园艺博览会闭幕式，阿塞拜疆国防部长扎基尔·哈桑诺夫（Zakir Hasanov）出席第九届北京香山论坛，阿塞拜疆盖达尔·阿利耶夫基金会副主席莱拉·阿利耶娃（Leyla Aliyeva）正式访华出席亚洲文明对话大会。所有这些活动共同推动阿中合作迈上新台阶，促使双边关系迅速发展。

众所周知，自2020年初开始，新冠疫情给全球（包括阿中在内）带来了诸多挑战。阿中都迅速采取了非常重要和严格的措施来遏制病毒的传播，加强沟通与协调，并支持开展国际联防联控。在疫情期间，阿中携手抗击疫情，守望相助，并帮助其他有需要的国家，树立了良好典范。

正如伊利哈姆·阿利耶夫总统所说："阿塞拜疆一直并将继续积极支持开展广泛的国际合作，共同抗击疫情。"在这方面，阿塞拜疆已向30多个国家提供财政和人道主义援助。同样，阿塞拜疆始终坚定地同中国站在一起，支持中国抗击新冠疫情，并对中国政府采取的疫情防控措施表示赞赏。在中国与病毒斗争的艰难时刻，阿塞拜疆政府和人民一直在声援中国人民。伊利哈姆·阿利耶夫总统以及其他许多政府高官向中国领导人和官员致以慰问，并表示愿在中国需要时提供任何援助。阿塞拜疆的苏姆盖特市向其友好城市——中国的绵阳和西安提供了20吨人道主义援助物资，许多阿塞拜疆人还自发录制视频，声援"武汉加油，中国加油"①。在中国处于疫情高峰期时，阿塞拜疆货运航空公司"丝绸之路航空"是继续在中国运营的少数外国企业之一，高峰期过后该公司在运送医疗用品和设备方面也发挥了重要作用。

当疫情开始在全球蔓延时，中国对包括阿塞拜疆在内的其他国家给予了同样的支持与合作。在从中国购买各种防护设备、器材和药品时，中国政府对阿塞拜疆给予了特殊优待，并在所有事务上提供了最高级别的支持。中国外交部和国家卫健委共同组织了一次阿中专家线上会议，分享中国在预防感染和治疗新冠患者方面的经验。这样一来，我国政府和专家得以做好准备，及时采取了一切必要措施，确保了阿塞拜疆人民的安全。此外，中国政府还向阿塞拜疆派出了一支医疗队，这支医疗队由10名具有武汉抗疫经验的专家组成，对阿塞拜疆提供为期14天的援助。紧接着，在购买中国生产的疫苗和向我国运送疫苗时，中国向阿塞拜疆提供了高水平的支持，向阿塞拜疆运送了15万剂疫苗作为人道主义援助物资。

两国政府为抗击疫情实施了旅行限制和其他措施，因而自疫情暴发以来，阿中之间的高层互访被迫中断。然而，两国继续通过其他方式开展合作。尽管受疫情影响2020年双边贸易额有所下降，但两国仍有许多机会可以探索和合作，以便充分挖掘潜力来加强两国经济伙伴关系。

必须指出的是，伊利哈姆·阿利耶夫总统与习近平主席之间的相互信任、专门政治对话和友谊在发展双边经贸关系方面也发

---

① 原文为"Go Wuhan, Go China"。——译者注

挥了重要作用。目前，在阿注册的中国企业超过180家，中国对阿塞拜疆的投资已超过8.2亿美元，阿塞拜疆对中国的投资已超过17亿美元。华为和中兴等中国大型信息和通信技术企业在阿塞拜疆的运营非常成功，值得一提的是，华为还在阿塞拜疆设立了区域办公室。阿中政府间经贸合作委员会在促进两国企业建立密切联系、解决各国企业面临的问题方面也发挥着至关重要的作用。

阿塞拜疆的石油和天然气储量巨大，这使得我国经济在20世纪90年代迅速发展，对阿塞拜疆能源领域的投资为其他领域的发展带来了多元化的红利与机遇。当下，阿塞拜疆政府面临的首要任务之一是通过产业升级促进经济多元化发展，减少对碳氢化合物资源的依赖。考虑到政府正在大力发展非石油产业，阿塞拜疆更加注重其他领域的外贸和投资。在这方面，我们与中国之间富有成效的、多层次的和以结果为导向的合作也有助于阿塞拜疆政府通过促进贸易和投资实现国民经济的多元化。

阿塞拜疆是中国在南高加索地区的主要贸易伙伴，两国致力于进一步改善双边贸易关系。在这方面值得一提的是，自首届中国国际进口博览会举办以来，阿塞拜疆每年都有一个大型展馆，派出一个由政府高级官员和多家参展企业组成的大型代表团。即使其他许多国家因新冠疫情未能参加2020年11月的（上海）世博会，阿塞拜疆仍然设立了一个相当大的展馆，展示了阿塞拜疆的食品和农产品。我们在青岛、泸州和连云港开设了贸易商行，在上海和乌鲁木齐开设了葡萄酒庄。目前，我们正与相关部门就在中国其他地区开设新的贸易商行和葡萄酒庄进行谈判，此举能让我们进一步接触更多中国消费者。毫无疑问，阿塞拜疆渴望进一步深化对华贸易关系，我们坚信，在不久的将来，两国将在贸易领域取得更加积极的进展。

阿塞拜疆是"一带一路"倡议的首批支持者之一，为支持这一倡议，阿塞拜疆在国内和周边地区投资了大量基础设施项目，以发挥自身位于欧亚交界处的区位优势，成为区域过境和物流中心。如今，阿塞拜疆已成为"一带一路"沿线非常关键的国家之一，正为中欧之间提供更加高效且经济的货物运输通道。为此，阿塞拜疆开辟了跨里海国际运输线，并建设了巴库—第比利斯—卡尔斯铁路、巴库国际海上贸易港和阿里亚特自由贸易区等几个重要的基础设施项目。值得一提的是，已有几趟发自西安的班列途经阿塞拜疆抵达欧洲，而且随着两国经济合作的加深，这条线路正变得越来越活跃。此外，巴库和乌鲁木齐之间有直飞的客运航班，巴库与上海、香港、天津和郑州之间也有直飞的货运航班，这增强了阿塞拜疆对中国企业的吸引力。

值得注意的是，2021年1月31日，"齐鲁"号欧亚班列上合快线首班列车从上海合作组织地方经贸合作示范区青岛多式联运中心出发，驶往阿塞拜疆首都巴库。众所周知，中国设立了许多经济特区，为企业创造了大量机会，青岛的中国—上海合作组织地方经贸合作示范区无疑是该领域最有前景的项目之一。它不仅将加强上海合作组织国家之间的合作，而且将大大促进"一带一路"倡议的发展。作为"上海合作组织大家庭"中非常活跃的一员，阿塞拜疆与所有成员国成功开展合作。在习近平主席的倡议下，中国—上海合作组织地方经贸合作示范区于2018年开始建设，旨在拉近上海合作组织国家间的距离，进一步鼓励成员国彼此开展合作。2021年1月，从青岛开往阿塞拜疆的首列货运班列见证了示范区的快速发展，我们可以自信地说这一举措已经产生积极成果。

值得一提的是，"齐鲁"号欧亚班列上合快线途经跨里海国际运输线，最终抵达里海沿岸最大港口——巴库国际海上贸易港。这趟班列到达最终目的地仅用了传统海运所需时间的约三分之一。通过跨里海国际运输线运送货物可以大大缩短运输时间，这无疑为企业带来了更多好处。今天，我们欣喜地看到，跨里海国际运输线，即中间走廊，正日渐成为"一带一路"倡议中越来越活跃的部分。

阿塞拜疆还投资了另一个国际运输项目——国际南北运输走廊，如此一来，位于东西和南北运输走廊上的国家得以通过阿塞拜疆运输货物。因此，我们对现代交通基础设施的投资不仅有助于提高我们的经济潜力，为我们的朋友、合作伙伴和邻居提供服务，而且为贸易、旅游和交通领域的发展创造了独特的机会，将各国及其人民团结起来；各国相互依存，这有利于促进和平与稳定。如今，阿塞拜疆为越来越多的国家提供过境便利。通过建立现代交通和物流基础设施，阿塞拜疆不仅成为重要的交通枢纽，而且促进了东西和南北运输走廊上国家的合作。

毫无疑问，"一带一路"倡议将在基础设施和交通领域给参与国带来巨大机遇与红利。同时值得注意的是，"一带一路"倡议不仅能为交通发展创造机遇，还能加强贸易、旅游、人员往来，有助于世界稳定、安全与和平。"一带一路"倡议遵循了中国注重互利互惠、以合作谋求共同发展的传统。尽管全球局势动荡不安，但该倡议主张在谋求自身利益的同时尊重别国利益，维护各方共同利益。为此，阿方愿与中方一道，以"一带一路"倡议为契机，对接双方发展规划，深化基础设施建设等广泛领域的合作，扩大文化、教育和地方交流，增进相互了解和友谊。我们相信，通过连接各国人民、国家和经济体，这一全球倡议将为合作共赢创造有利条件，推动世界的和平与繁荣。

阿塞拜疆乐于与其他国家合作、吸引更多外资进入其开放透明的市场。阿塞拜疆的市场准入要求相当宽松，而且通过实施一系列改革，商业环境也在不断改善。阿塞拜疆欢迎中国投资，尤其是近期的深化合作显示了阿塞拜疆欢迎更多中国企业赴阿开展业务。在2019年4月伊利哈姆·阿利耶夫总统与习近平主席举行的双边会晤中，阿利耶夫总统提到，希望更多中国企业和投资者赴阿开展业务、作为承包商参与项目。因此，我们欢迎更多中国投资者赴阿投资兴业，我们相信阿塞拜疆的投资环境能够为经营者提供诸多便利。

社会稳定是实现经济可持续发展的关键，阿塞拜疆的政治经济形势稳定、人民生活日渐改善。阿塞拜疆的经济正以越来越快的速度蓬勃发展，政府致力于实施良好的经济政策确保了国家的可持续发展。

阿塞拜疆从未将"一带一路"倡议视为一项仅仅针对交通和基础设施发展的倡议，而是将其视为拉近国家间关系、推动人文交流的机制或平台。因此，阿塞拜疆也高度关注发展旅游业，我们简化了对中国游客的签证政策。值得一提的是，在由于新冠疫情而实施旅行限制之前，赴阿旅游的中国游客数量持续稳步增长。毫无疑问，2019年3月签署的《阿塞拜疆文化部和中国文化和旅游部关于中国旅游团队赴阿塞拜疆旅游实施方案的谅解备忘录》[①] 将在后疫情时代吸引更多中国游客赴阿旅游。

需要强调的是，中国发展迅速，经济持续、稳健、强劲增

---

① 阿塞拜疆旅游局与中国文化和旅游部于2019年3月1日正式签署，中方名称为《中国文化和旅游部和阿塞拜疆文化部关于中国旅游团队赴阿塞拜疆旅游实施方案的谅解备忘录》。——译者注

长，这为其他国家积极与之合作并从成功的伙伴关系中受益创造了广阔的机遇。阿塞拜疆各城市和地方政府也与中国各地区和政府密切合作，加强经济合作，以实现互利共赢。有鉴于此，阿中一些城市建立了友好互利关系，签署了友好城市文件，并将继续不懈倡导和推广这种良好做法。总的来说，中国经济正在迅速发展，一些著名的金融组织和研究中心预测中国很快将成为世界上最大的经济体。因此，所有国家都愿同中国一道，从互利合作中获益，阿塞拜疆也不例外。我们随时准备与我们的中国朋友共同努力，不断改善双边经济关系，实现双边贸易额的快速增长，全面推动两国关系迈上新台阶。

中非合作：南南合作的典范

特肖梅·托加

　　特肖梅·托加，2019年2月担任埃塞俄比亚驻华大使，曾在埃塞俄比亚政府担任高级领导职务，短暂担任青年、体育和文化部长以及公共企业部长，两次当选为地区议会代表，两次当选为人民代表院代表，2005—2010年担任第三届人民代表院议长，在双边和多边外交方面拥有丰富经验，曾出使三大洲的六个国家（加纳、埃及、肯尼亚、法国、比利时和正在出使的中国），担任过埃塞俄比亚驻联合国环境规划署、联合国人居署和联合国教科文组织的代表。

一、中非合作：背景、发展历程和未来方向

非洲已与欧盟、美国、中国、日本、法国、德国、俄罗斯、阿拉伯国家联盟、印度、土耳其、南美洲和韩国等主要地区和经济体建立了合作和伙伴关系。然而，在这些关系中，只有中非伙伴关系受到的关注和审视最多，原因多种多样。不过，我在此不打算深入探讨这些原因。

中非双方基于政治意愿，建立和发展双边伙伴关系与合作，推进互利互惠。本文从这一角度出发，探讨了过去20年的中非合作历程，同时思考了新冠疫情带来的挑战以及更远的未来。

（一）中非合作发展历程

中非合作是一个政府间进程，因而双方不仅要明确合作目标，而且要确定希望通过合作取得何种成果。

如果双方形成强有力的政治承诺，并且能够公平地分享利益，那么合作就是有效和可持续的。在某些情况下（尽管并非所有情况下），这也可能意味着双方能够均等地分享利益。在所有情况下，建立一个组织框架和明确界定合作领域能够进一步推动双边合作达到最佳效果。

中非关系源远流长，2018年举办的中非合作论坛北京峰会将中非关系提升为全面战略合作伙伴关系。20年前，中非合作论坛的设立将当时的中非关系提升到一个新高度。合作的制度化不仅界定了合作领域，而且赋予其可预测性和可衡量性。

例如，2018年中非合作论坛北京峰会宣布实施"八大行动"。对中国而言，这些举措符合中国的"一带一路"目标和《中国制

造2025》战略。而对非洲来说，首要任务是使这些举措符合非盟《2063年议程》①。对双方来说，2015年确立的联合国可持续发展目标也很重要。

（二）非洲叙事

许多分析人士、政策制定者、决策者和国际媒体一直忙于表达他们对中非伙伴关系的看法。有些看法似乎受到意识形态的驱使，另一些则倾向于捕风捉影甚至罔顾事实。因此，许多叙事既不客观也不公正，整体上带有一定的偏见。令许多人感到惊讶的是，关于中非关系最主流的叙事往往不是当事人设定的，而是一些局外人。这绝不意味着其他人不能对中非关系持有意见或发表看法，每个人都有权利发表自己的观点，我们应该尊重每个人的观点。这么说只是为了指出主流叙事与当事人叙事存在差距，尤其是在表述非洲视角方面。

大约20年前，恰在中非合作论坛成立之时，《经济学人》杂志刊登了一篇题为《非洲：绝望的大陆》（*Africa—A Hopeless Continent*）的文章。这个时间节点非常值得注意。因为10年后，《经济学人》又刊登了一篇题为《正在崛起的非洲》（*Africa Rising*）的文章。这就是外界对非洲的叙事方式。非洲是一个广袤而充满多样性的大陆，但人们常常草率地对其一概而论。

最近，关于中国在经济上"殖民非洲"的说法遭到了非洲领导人的严厉驳斥，这一说法毫无证据。在21世纪，以任何形式谈论新殖民主义都是匪夷所思的。首先，它淡化了奴隶制、殖民主义和种族隔离给全球非洲人和黑人带来的真实恐怖——许多非

① 自2013年以来，非盟开始着手制定规划未来50年发展的《2063年议程》，旨在50年内建成地区一体化、和平繁荣新非洲。——译者注

洲人对此仍记忆犹新。其次，非洲人已足够成熟，不会再允许任何大国对自己实行新殖民主义。对许多观察家来说，批评非洲与中国交往的人和对这种伙伴关系抱有偏见的人与中国的生意往来远远多于同非洲的交往，这也是一个令人费解的悖论。此外，虽然自然资源确实占对华出口的一大方面，但认为中国只是为了开采非洲的自然资源则是管中窥豹，因为中非在其他领域同样有合作。例如，埃塞俄比亚和中国在外国直接投资、贸易、技术转让、人力资源开发和基础设施建设以及经济领域合作密切，而这些领域皆不涉及自然资源。即使是进口自然资源，中国也得到了非洲合作伙伴的许可，而且事实上许多其他国家同样从非洲国家进口自然资源。最后，许多人试图将中非合作缩小到单纯的经济层面，但也有人指出了双方合作的多样性，包括政治、和平与安全方面，以及建立社会和文化联系等。

二、中非伙伴关系的本质

非洲有句谚语："独行快，众行远"，表达了合作和团结的重要性。我相信，中非合作的关键是要携手向前、共建美好未来。

许多全球地缘政治观察家倾向于认为，当前的全球局势动荡、复杂和充满不确定性。任何国家，无论规模大小、发达与否、属于南方还是北方或者东方还是西方，都无法独自应对人类面临的巨大挑战。因此，为了应对波谲云诡的全球局势，伙伴关系和强有力的多边体系的必要性再怎么强调都不为过。这并不是说现有的伙伴关系或多边体系是完美的，但它们是前进的基础。因此，中非伙伴关系也应放在此背景下审视。中非伙伴关系是一个稳定的平台，旨在形成协调一致的洲际互利伙伴关系和应对挑战的措施。从多方面互动的互补性和利益的趋同性来看，中非伙伴关系不仅重要，而且是绝对必要的。

让我来详细说明一下。非洲共有55个国家，在联合国拥有28%的投票权。非洲有13亿人口，其中大多数年富力强，土地面积为3037万平方公里，拥有丰富的自然资源。中国有14亿多人口、960多万平方公里土地，是世界第二大经济体、最大的制造商和出口国，也是第二大进口国。与中国合作无疑是不可避免的。

三、中非合作的原则

非中伙伴关系现在和将来都必须建立在平等、互信、互相尊重和互利的核心原则之上。不干涉别国内政的原则一直是双方政治互信的特定基础。双方都支持主权国家拥有自主选择经济发展模式和治理模式及政策的权利。自由主义世界秩序认为所有国家只能实行一套"一刀切"的经济发展和治理模式，不考虑各国不同的社会经济、政治、文化和历史背景。而中非伙伴关系则不同，它尊重每个伙伴国的政策独立性，各国可以根据本国国情制定政策。埃塞俄比亚有句谚语："只有自己才最了解自己。"尊重各国选择自己的发展路线和发展方向的权利，也是一种民主。换句话说，鞋子合不合脚，只有穿的人才知道。然而，这不应被解释为对齐心协力应对共同挑战和关切不屑一顾。相反，非中伙伴关系强调了确定参数、标准和目标的重要性，在此范围内，合作伙伴共同努力，以取得互惠和令人满意的结果。它还驳斥了罔顾合作伙伴的选择和现实情况，以及从外部强行加诸某种模式的诱惑。

这些指导原则为中非两国人民的诚挚友谊和政治互信奠定了坚实基础，为两国人民创造了丰厚的经济、社会和政治效益。在此，我想强调的是，只有互利的伙伴关系才能持续发展，反之，不对称的、扭曲的伙伴关系几乎没有发展空间，注定会令人失望。还必须指出的是，正如非洲需要中国一样，中国也需要非洲。因此，无论是在双边、区域还是多边层面，双方利益都是趋同的，可以针对具有共同利益和共同关切的议题进行合作、协作和结成伙伴关系。

40多年来，双方的利益一直都很明确。

四、走向世界：中国的改革开放

中国在过去40多年里以惊人的速度实现了社会经济转型，标志着改革开放的成功。在此期间，中国使大约8亿民众摆脱了绝对贫困，这在近代发展史上是绝无仅有的。中国政府还宣布将于2020年实现现行标准下农村贫困人口全面脱贫，这一目标现在也已实现，而且是在新冠疫情肆虐的情形下如期实现的，因此当然值得庆祝。中国在社会经济转型方面取得的成就激励了许多非洲国家向中国学习和借鉴成功经验。

在中国社会经济发展巨大成就的鼓舞下，包括埃塞俄比亚在内的其他新兴经济体和发展中国家也被中国的经济进步所吸引，努力将中国的成功经验改造得适合本国国情。这是一个非常明智和合理的决定，因为中国令人印象深刻的结构转型为世界上许多国家指明了方向。

中国的"走出去"战略鼓励企业对外投资，而中非长期关系为这一战略的实施创造了沃土。舆论认为，非洲是中国的新一轮投资目的地之一。中国企业"走出去",在非洲找到了市场和投资机会,非洲人也从接受中国投资的制造业和基础设施建设、贸易、旅游、技术转让和人力资源开发等领域中受益,实现了双赢。未来这样的合作会有更多。非洲获得了中国对外投资份额的5%左右,双边贸易额占中国贸易额的4%。这种伙伴关系的潜力还有待充分挖掘。

如何才能充分挖掘这一潜力?在这方面,中非合作论坛等体制机制可以发挥重要作用。

五、中非伙伴关系的制度化

中非合作论坛成立于2000年,旨在引导和塑造双边日渐加强的互动,一直以来都是中非伙伴关系落实的主要平台。中非合作论坛并不是以某个国家为主导的对话机制。事实上,中非合作论坛为非洲国家与中国指出了一条共同路线——通过渐进式的合作,解决国内和国际问题,构建中非命运共同体。

在中非合作论坛框架下,非洲国家有望获得中国积累的工业、技术和生产能力以及金融资源,中国可以在加强非洲的互联互通、基础设施建设和工业化方面发挥关键作用。中国的投资已经在为非洲创造就业机会、为非洲的经济增长作出贡献,同时在向非洲转让知识、技能和技术。例如,2019年,一项关于对外直接投资的研究发现,中国在埃塞俄比亚开设的工厂中,90%的岗位雇用了当地人(其中低技能工作岗位100%雇用当地人)。但更重要的是,中非合作论坛为非洲国家提供了一个集体制定战略的机会,以确保中非关系为非洲带来更多好处。

自成立以来,中非合作论坛已被证明是双方开展务实合作的有效机制。2015年12月，中非合作论坛峰会在南非约翰内斯堡举行，双方明确强调了中非合作论坛在谋求非中社会经济和政治利益方面的重要性。习近平主席在峰会上作出承诺，中国将向非洲提供600亿美元支持中非"十大合作计划"。同时，在非洲领导人的提议下，双方同意增加非洲对中国的出口并使出口产品多样化。这可以视为双方之间强有力的伙伴关系和坚定承诺的具体表现。

2018年9月，在中非合作论坛北京峰会上，习近平主席表示，再向非洲提供600亿美元，实施"八大行动"，在八个领域内开展合作：产业促进、设施联通、贸易便利、绿色发展、能力建设、健康卫生、人文交流与和平安全。中国领导人对同非洲建立互利共赢的战略伙伴关系以促进共同发展、共同繁荣的政治承诺，为谋求双赢和可持续的伙伴关系创造了难得的历史机遇。

各种宣言中设定的目标都是非洲的首要发展任务，因而符合双方的共同利益。峰会上的承诺正在全面落实。为了保障承诺落实，在2018年6月举行的中非合作论坛协调人会议上，双方制订了行动计划，并在峰会后继续通过协调人会议跟进落实情况，以期在今年（2021年）晚些时候举行下一次峰会。

作为中非之间的对话、协商与合作平台，中非合作论坛已经成为南南合作的典范。近20年来，中国已成为非洲在贸易、投资、基础设施建设、融资和发展援助等领域最大的经济伙伴。中国还积极关注非洲的和平与安全项目和任务，共同致力于实现非洲的和平、繁荣和一体化，这也是非盟《2063年议程》的主要内容。

最近的研究表明，目前没有其他国家像中国这样深入和广泛地与非洲接触。与非洲进行实地合作的具体成果足以说明一切。

　　构建中非伙伴关系的另一划时代事件是中国在2013年提出的"一带一路"倡议，该倡议与中非合作论坛相辅相成。鉴于"一带一路"倡议有自身的愿景和行动计划、专门的政治舞台、金融机构和资源，因此可谓是合作范围的扩大与合作深度的加强。目前，与中国建立外交关系的53个非洲国家中，有46个加入了"一带一路"倡议，这意味着除了中非合作论坛框架下的资源，"一带一路"倡议下的资源也很可能会成为可用资源。但或许更重要的是，这也意味着，在"一带一路"倡议和中非合作论坛下正在推进的工业化和基础设施等领域的合作，能够得到中国更有力的政治支持，这可能有助于加快这些领域内项目的实施。

　　由于"一带一路"不限于中国和非洲国家之间的双边关系，而是旨在连通亚洲、欧洲和非洲，因此非洲"一带一路"共建国可以从新的连通中受益，扩大与南亚和东南亚"海上丝绸之路"沿线国家的合作。

　　我要澄清的是，像任何伙伴关系一样，中非伙伴关系从来都没能免于遭受批评和误解，并且经常在缺乏证据的情况下被粗劣地泛化。人们应始终牢记，在谈论这种伙伴关系的成败时，宏观和微观层面的分析同样重要。人们必须从各国自身利益出发，平等地审视非洲与其他国家的伙伴关系，而不同的非洲国家与中国（和其他伙伴）的贸易和金融关系也因自身发展状况而大不相同。然而，非洲仍被当作一个单一实体并受此困扰，对这个充满多样性的广袤大陆的笼统判断必然会带来误导。

　　我还要补充一点，没有哪个国家、地区或大陆可以避开中国或非洲。但重要的是这些国家或地区如何看待非洲和中国——作为平等的、值得信任的实体，还是需要教导的实体。很明显，第一种态度才是正确的。如前所述，非洲已与多个国家和联盟建立伙伴关系。而且根据我的经验，非中关系是建立在平等基础上的。但是，为什么围绕中非关系会有这么多的杂音？我们是否正在冒着将中非关系政治化的风险，抑或我们缺乏公正性和客观性？

我相信非洲人是地位平等的伙伴，他们能够区分什么对自己有利，什么对自己不利。一些人傲慢地对中非伙伴关系断章取义，他们看起来并不是出于善意。

别误会，我并不是说中非伙伴关系毫无瑕疵。并非如此，没有任何伙伴关系是完美的，中非伙伴关系也一样。中非伙伴关系同样面临着一些挑战，包括实施项目的能力、技术能力缺乏、善治问题、贸易不平衡、价值增值、贷款条款等问题。但是，我能够亲身体会到，这些挑战正在逐步得到解决，尤其是通过中非合作论坛这一框架。事实上，解决不完美的办法是开展更多的合作，而不是减少合作。

那么，新冠疫情给非中关系带来了哪些变化，这对未来又意味着什么呢？

六、中非合作抗击新冠疫情

当中国政府公开新冠疫情在武汉肆虐的消息后，非盟委员会和许多非洲国家领导人以及非洲驻华大使立即表达了他们对中国人民和中国政府的坚定声援和支持。在中国国内，尽管形势不确定，包括来自埃塞俄比亚的大批非洲留学生都积极和耐心地配合中国的抗疫工作。非洲大使们能够验证并信任中国政府为控制病毒而采取的措施是有效的，可以保护所有人，包括在中国的非洲公民的生命健康。一些有能力的非洲国家，如南非和赤道几内亚，也送来了紧急医疗设备，以示友好和团结，一些政府还为本国公民安全有序地返回非洲家园提供了支持。

中国采取了严格的措施，精密、严格、一以贯之地执行了疫情防控政策和战略，最重要的是中国人民、非洲和其他地区在华公民团结一致、众志成城，这让中国比许多国家在更短的预期时间内控制住了疫情。这些措施十分有效，产生了非常积极的影响，减轻了疫情给中国社会和经济带来的所有长期、负面的影响。随后，中国稳步恢复常态，有序地重启经济，同时根据需要为民众接种疫苗。

在中国疫情防控形势逐步好转时，疫情开始在非洲传播，中国政府和其他利益相关者，如马云领导的阿里巴巴基金会，向非洲国家伸出了援手。例如，它们向所有非洲国家捐赠了几批急需的医疗用品，包括病毒检测试剂盒和个人防护装备。中国向一些非洲国家派出了医疗队，并派出专门医疗组帮助生活在这些国家的中国公民，还组织了数百场在线研讨会，包括与联合国多次召开在线研讨会，分享诊断、检测和治疗新冠病患的经验和专业知识。此外，中国加大了生产力度，保持医疗设备出口开放，以方便海外采购。而其他许多国家则暂停了医疗设备出口，将其用于抗击国内疫情。许多与非洲国家有投资和贸易往来的私营企业和公共部门以非常值得称道的方式履行了企业社会责任，并继续践行下去。

总的来说，我敢保证，在这段艰难时期，没有哪个国家像中国这般对非洲提供如此大规模的直接卫生支持。中国对非洲的直接支持仍在继续，最近还宣布向一些非洲国家捐赠疫苗，尽管最初数量不多。相比之下，尽管可以理解，但其他许多国家一直只顾着应对自己国内的疫情。

然而，新冠疫情造成的影响远远超出了健康领域。除非在短期内得到有效遏制，否则新冠疫情对社会和经济的影响将持续导致社会动荡、不稳定和不安全。因此，中非合作不应仅着眼于短期解决方案和应对疫情带来的紧迫健康挑战。正如我在前文所述，中非在加强经济合作上仍有巨大的空间，双方迫切需要共同努力，加快合作进程，以采取补救措施、促进后疫情时代的经济复苏。二十国集团正在仔细考虑在共同指导方针下减免和暂缓最贫困国家偿还债务。中国一直是二十国集团中这一共同指导方针的主要倡导者。然而，正如埃塞俄比亚总理阿比·艾哈迈德（Abiy Ahmed）博士近期在《纽约时报》上发表的一篇文章指出的，这绝不足以使脆弱的非洲经济免于崩溃。事实上，债务减免或援助只是诸多战略性、可持续补救措施中的一种。换言之，我们仍然需要制订后疫情时代的经济复苏和重建计划。我还认为，考虑到新冠疫情对形势造成的影响，现在是时候调整一些正在进行的中非合作论坛项目并重排优先次序了。

中国已在非洲投资不菲。但要想从新冠疫情的影响中恢复过来，非洲需要更多的投资和经贸合作，这能够为非洲国家提供更多的就业机会和增加税收收入，以使政府可以偿付未来的医疗支出、债务，为国民提供经济支持。否则，中国迄今为止的投资很可能受到负面影响，双方都将蒙受损失。最近的一份对外直接投资报告显示，中国参与的三个非洲项目已经因疫情而停止或被推迟。进一步推迟或取消项目不符合双方的利益。这就是为什么中非之间需要进行更多合作和接触的原因。

七、结语

总之，中非伙伴关系是互利互惠的，是不断发展的，只要有坚定的承诺和决心，我坚信中非合作将成为南南合作的成功典范。这不是一个口号，也并非某些人所声称的空谈，而是卓有成效的务实合作，它改善了非洲人的生活条件。但是，中非合作不应止步于此。开展更多合作——而不是减少合作——才是战胜挑战的出路。

论西班牙与中国的双边关系

拉法尔·德斯卡亚·德·马萨雷多

拉法尔·德斯卡亚·德·马萨雷多，2018年担任西班牙驻华大使，1955年出生于马略卡岛首府帕尔马，获斯坦福大学政治学硕士学位，在《国家报》《外交政策》和《华盛顿季刊》等报纸和杂志上发表多篇文章，1983年进入西班牙外交部门，曾担任西班牙驻埃塞俄比亚大使和驻德国大使。

一、引言

1973年，西班牙同中国建立外交关系，这为建立双边商业框架奠定了基础，为西中两国自20世纪70年代末以来的非凡经济转型作出了巨大贡献。

过去几十年中，西班牙政府多次表明与中国保持牢固贸易关系的决心。2017年5月，西班牙首相出席第一届"一带一路"国际合作高峰论坛。2019年4月，西班牙外交大臣博雷利（Josep Borrell Fontelles）作为首相特使出席第二届"一带一路"国际合作高峰论坛。2015年，西班牙签约成为亚洲基础设施投资银行的创始成员国。2018年，西班牙工业、贸易与旅游大臣马罗托（Reyes Maroto Illera）访问中国。西班牙还参加了最近三年的中国国际进口博览会。这些均体现了西班牙政府的决心。

对西班牙来说，要实现更高水平的市场多元化和国际化战略，中国是首要的贸易伙伴。事实上，西班牙已经制订一项针对特定行业的战略行动计划，以帮助本土企业在中国新兴产业市场上寻找合适的机遇。

中国是西班牙当前在亚洲的主要贸易伙伴。然而，双边贸易和投资流动的潜力尚未完全发挥出来。在新冠疫情暴发后，外部因素成为全球经济复苏的主要推动力，正如在2008年全球金融危机期间那样。因此，在互惠和非歧视原则的基础上继续深化经济合作，对刺激经济增长至关重要。

本文介绍了西中贸易关系的主要特点，重点介绍了战略性行业以及新冠疫情对经济的影响，并提出了在全球经济放缓的背景下克服挑战、善用现有机遇的一系列务实举措。

二、新冠疫情暴发前的西中贸易关系

与邻国相比，西班牙与中国加强贸易联系的时间相对较晚，这种滞后阻碍了其在中国市场上的整体定位。2019年，西班牙对华贸易覆盖率为27.4%，而对德国、法国和意大利的贸易覆盖率则要高得多，分别达到125.1%、65.3%和41%。

多方面因素导致了这种贸易滞后，其中比较显著的因素有：西班牙有相当数量的小型和技术型企业，它们的国际经验有限，倾向于选择地理上接近和文化上相似的市场，也不熟悉中国市场。

1973年，西班牙同中国建交，但两国并未立即建立起双边商业框架。直到1979年，西班牙才在北京设立驻华大使馆经济商务处。20世纪80年代，西中之间的贸易和投资流动仍然低迷。

然而，西班牙企业迅速适应了中国不断变化的需求，两国的贸易关系在过去几十年获得了巨大发展。过去20年来，西班牙对华出口呈上升趋势，西班牙对华出口企业数量从2000年的1656家增加到2019年的14059家。2015—2019年，西班牙对华出口增长55.1%，这在一定程度上可以归功于西班牙极具竞争力的工业产品和优质农产品。

西班牙的对华投资顺应了中国的开放步伐、技术需求和服务业的增长需求。中国对西班牙的投资则严格遵循中国政府的政策和经济增长目标，过去几年主要集中于高附加值行业。大多数领先的中国跨国企业，如中国工商银行、中远、小米、联想、中国国航、中航工业、海尔、比亚迪、明德、华为和全球速卖通，都在西班牙布局了业务，为当地创造了就业机会。

然而，数据显示，双边投资流动还有进一步发展的空间。中国是西班牙第20大对外投资目的国，总投资存量为31.69亿欧元，占西班牙对外投资总额的0.7%。中国是西班牙第10大投资来源国，总投资额为114.34亿欧元，占西班牙外国投资总额的2.5%。

（一）西班牙企业在中国市场的机会

中国的新增长模式建立在可持续发展和创新的基础上，这标志着中国经济在过去40余年的出色转型中产生了质的飞跃。通过对各个行业的详细分析，我们可以确定西班牙企业在中国市场上有哪些贸易机会。

1. 农产品领域和消费品

在中国的国际化城市中，见多识广的中产阶级正在崛起，其购买力与欧盟（的中产阶级）相当，这拉高了中国对西班牙中高档消费品，尤其是食品的需求。

猪肉是中国人饮食中不可或缺的一部分。最近暴发的非洲猪瘟对中国庞大的生猪生产和国内供应产生了严重影响，导致对猪肉的进口需求增加。2019年，西班牙成为对中国主要猪肉出口国，超过德国、巴西和美国，出口额达到8.11亿欧元，同比增长149%。两国之间关于进口猪肉类制品协议的生效，不仅帮助推广了西班牙带骨火腿等美食，而且鼓励了更多授权出口企业的设立。

西班牙是中国橄榄油的主要供应商。2019年，西班牙橄榄油出口总值达1.09亿欧元，同比增长7.2%。作为一种健康食品，西班牙橄榄油在中国消费者的餐桌上广受欢迎。

《中欧地理标志协定》①涵盖了西班牙葡萄酒的8个产区，这将加强其在高档葡萄酒领域的品牌定位。就价值而言，2019年西班牙是中国的第五大葡萄酒进口国，仅次于澳大利亚、法国、智利和意大利。

西班牙的柑橘、核果和鲜食葡萄输华准入协议的签署，为果蔬企业带来了新的机遇。2019年，西班牙对华果蔬出口额达4600万欧元，同比增长56%。

在消费品领域，由于电子商务在销售和分销渠道的崛起，中国的化妆品行业自2015年以来获得迅速发展。怡思丁、玛蒂德肤、悦碧施等品牌在中国享有超高人气，甚至开发了专门满足中国消费者需求的产品。

中国消费者认为西班牙的时尚产业产品品质高、设计新颖。印地纺集团②是在中国时尚行业最成功的西班牙企业之一。其他西班牙企业也通过电商平台和微信跨境店铺进入了中国奢侈品市场。

2. 科技和工业产品

中国2015年提出的《中国制造2025》战略，旨在通过创新政策促进国家生产模式的升级，有望推动西班牙产品和企业进入那些中国国内企业无法提供高附加值产品的行业。

中国是世界上最大的汽车市场。西班牙汽车零部件制造商，如安通林集团（Grupo Antolín）、海斯坦普（Gestamp）和蒙德拉贡联合公司（Grupo Mondragón），都已在中国开展业务，在全国各地设立了工厂、子公司和研发中心。2019年，西班牙汽车零部

---

① 全称为《中国政府与欧洲联盟地理标志保护与合作协定》，2011年该协定启动谈判，2020年9月14日中欧正式签署该协定，2021年3月1日该协定正式生效。——译者注

② INDITEX，快时尚巨头Zara母公司。——译者注

件行业的出口总额达3.73亿欧元，与2015年的2.65亿欧元相比，实现了大幅增长。

为了减少大城市的交通拥堵，新城市不断设立，城市间的交通需求不断增加，航空航天领域也有望迎来扩张。英德拉（INDRA）等西班牙企业在空中交通和民用模拟领域占有重要地位，它们生产空中交通管制无线电导航系统、自动降落系统和自动化系统。

随着中国政府推行环境保护和可持续发展政策，西班牙企业将通过与中国大型核企业签订合作协议，继续在可再生能源，特别是风电和核能等快速增长的领域发挥重要作用。歌美飒（Gamesa）、泰纳通（Tecnatom）和埃努萨（Enusa）等西班牙企业在这些领域都有重要地位。

中国的城市化率已经达到60%。中国政府正在着力建设智慧城市，以应对城市化快速发展带来的挑战和提供更优质的服务。因此，建筑、交通运输和物流领域涌现出大量的市场机会。西班牙企业英德拉曾在该领域有业务，包括交通控制、铁路进出控制和安全系统等。

3. 服务行业

中国正在逐步向外资开放第三产业，以提高产业竞争力。

在教育领域，中国是世界上最大的国际学生来源地，拥有广泛的教育和研究中心网络。

在中国教育体系中，西班牙语教育的重要性不断增加，两国城市之间的关系也日益密切，这些推动双方签署了多项有关教育合作以及国际学生和教师交流的协议。西班牙在华研究者协会（RICE）从中脱颖而出，该机构旨在助力在华西班牙研究人员的工作、促进学术交流，为有意在华工作的研究人员和机构提供信息和支持。

中国也是世界第一大国际游客来源国。尽管2004年2月两国签署了《授权目的地协议》,但西班牙和中国之间的游客流量仍然很低。2019年约有70万中国游客赴西班牙旅游,同比增长8.2%。为促进旅游业发展,我们采取了一系列措施:西班牙和中国企业通过代码共享协议进行新的航线合作,如西班牙航空与春秋航空和海南航空之间签署相关协议;简化签证程序;将旅游套餐整合到微信境外游(WeChat Go)等中国平台上;提升西班牙酒店员工的业务水平。最近,由西班牙美利亚(Meliá)公司与中国合作伙伴联合经营的合资酒店开业,这成为西中公司成功合作的又一范例。

在卫生领域,中国正致力于改善基础设施和发展医疗技术,以应对公共卫生挑战。日益升高的肥胖水平、与吸烟相关的疾病、人口老龄化以及空气污染引发的疾病构成了重大挑战。西班牙跨国企业吉诺米卡(Genomica,主要业务包括研发人乳头瘤病毒检测试剂盒)和西班牙实验室基立福(Grifols,专注于血浆产品的生产和商业化)在中国健康产业中占有一席之地。

(二)新冠疫情对双边贸易与投资的影响

中国是世界上首个受到新冠疫情冲击的国家,同时也是首个实现疫情后经济复苏的国家。外贸对稳定中国的国内生产总值增长贡献显著。

2020年,西班牙的对华出口非但未受影响,反而同比实现了强劲增长,不同的是出口商品的品类发生了重大变化。

中国是西班牙第八大出口目的国。2020年,西班牙对华出口增长20.1%,达到81.69亿欧元,占西班牙出口总额的3.1%。

冷冻猪肉占对华出口总额的31%；铜和铜合金占6.2%；牛科动物可食用内脏占5.9%；汽车设备、零部件和配件占4.2%；药品占3.2%。

传统上，极具竞争力的科技和工业产品构成了西班牙对华出口的主体。然而，新冠疫情改变了这一结构，农产品成为2020年的主要出口品类。这部分是因为西班牙承诺在疫情期间向中国公民提供基本商品。

在双边投资领域，由于中国经济的迅速复苏和西班牙政府采取的经济救济措施，2020年双边重大投资活动仍在继续。中国铁建收购西班牙建筑公司Aldeasa就是一个范例。

数据表明，新冠疫情并未阻碍双边投资项目的实施，这体现了西班牙和中国企业之间良好的信任关系。2020年第三季度，中国对西班牙的投资额达到4.394亿欧元，而2019年同期仅有4950万欧元。2020年第三季度，西班牙对中国的投资额为18.11亿欧元，其中17.73亿欧元投向医药产业；与上一年同期的5080万欧元对中国投资额相比增长显著。2020年3月底，基立福收购上海莱士26%的股份，后者成为基立福血浆和输血诊断产品在中国的独家经销商。

三、双边关系中的挑战与机遇

近年来，西班牙与中国的贸易往来大幅增加，但数据显示，两国尚未实现完全平衡的贸易关系，贸易利益也尚未达到最大化。

西班牙和中国需要致力于开展建设性对话，以建立后疫情时代新的多边框架，探索新的合作途径，并制定出雄心勃勃的机制以应对未来的挑战。

西班牙已提出一系列行动方案与中国合作，以实现协同效应，加强商业联系。

（一）两国在第三方市场的合作

2018年，中国商务部与西班牙工业、贸易和旅游部签署《中国商务部与西班牙工业、贸易和旅游部关于加强第三方市场合作的谅解备忘录》。这是促进西班牙和中国企业开展进一步合作的重要举措。中国国家主席和西班牙首相共同出席了签字仪式。

根据该谅解备忘录，双方设立了一个总干事级别的工作组，以促进信息交流、实现协同、推动两国在中亚和中东等市场的合作。

目前，双方正在紧密合作，通过"西班牙—中国商务咨询委员会"举办第三方市场合作工作组第一次会议，这个高级别平台汇聚了具有共同利益的大型西班牙企业和中国企业。

西班牙还是亚洲基础设施投资银行的创始成员国。亚洲基础设施投资银行是一个多边开发性金融机构，旨在改善亚洲与世界其他地区之间的基础设施和互联网络。

（二）西班牙对外国资本流入持开放态度

中国评估了过去几年的负面清单制度，包括外商投资负面清单（含自由贸易区）以及市场准入负面清单。这标志着中国朝着经济开放和金融市场自由化迈出了重要一步。

新冠疫情引发的卫生危机凸显了中国经济中某些细分市场的需求，以及中国在能源、科技和食品行业全球供应链上的脆弱性。

为了将可能会抑制经济复苏的风险降至最低，西班牙企业可以在促进中国以下行业发展上发挥积极作用：

第一，可再生能源和核能。除了确保能源来源多样化，中国还需要履行发展绿色经济的承诺，以支持可持续增长。

第二，农业技术。在农村人口快速向城市迁移的情况下，应用新技术是提高农业生产力的根本。

第三，冷链。中国消费者越来越注重卫生和食品安全。因此，预计供应链流程将全面改进。

第四，电子商务。新冠疫情加速了人们购买习惯的改变，强化了电商平台的销售渠道功能，电商平台是西班牙小型品牌进入中国市场的潜在门户。

第五，健康食品市场。近年来，对动物传播疾病的检测推动了生产商和零售食品分销商将植物基肉类替代品和保健食品（如膳食补充剂）商业化。

第六，电子医疗。中国需要外国技术和物资来实现新技术领域基础设施的现代化、卫生服务的数字化、医疗设备的购置、员工的培训。

（三）《中欧全面投资协定》

2020年12月，经过近7年的谈判，《中欧全面投资协定》（中欧CAI）终于完成。这项雄心勃勃的协议旨在为欧洲和中国企业建立公平的竞争环境，并促进双边投资。

《中欧全面投资协定》在市场准入、投资者权利平等和促进可持续发展等关键领域取得重大进展，并制定了争端解决和监测的体制框架。

西班牙和中国企业需要在《中欧全面投资协定》的法律框架

内开展经营活动，提升各自在全球市场上的竞争力和占有率，同时不得损害敏感行业的安全。重要的是，这一协定必须得到充分落实。

（四）贸易渠道的现代化

西班牙必须从行业角度出发，采取创新做法，从百度、阿里巴巴和腾讯等中国领先的数字技术与平台中受益。要实施这些措施需要更多的人力和物力资源，以及与商会和私营部门的进一步合作。

2019年，西班牙外贸投资促进局与阿里巴巴签署了一份谅解备忘录，旨在推动西班牙企业通过线上渠道进入中国。这是该领域的一个范例。

过去，西班牙发起过"时尚科技"（FashTech）等倡议。"时尚科技"倡议2018年由西班牙外贸投资促进局发起，旨在增进30个西班牙时尚和化妆品品牌对新零售平台贸易潜力的了解。

（五）新的植物检疫协议

新的植物检疫协议的签署有助于帮助西班牙企业在中国刚刚起步的农业食品行业发展中发挥重要作用。

就现有双边协议（表1）交换信息、制订联合行动计划是可行的措施，有助于西班牙与中国就农产品问题开展进一步谈判。

表1　西班牙与中国的农产品协议

签署日期（年份）	农产品
2007 / 2018	猪肉
2005	柑橘
2011 / 2017	马科动物
2014	脱水紫花苜蓿
2016	核果（桃子和李子）
2016	家禽养殖与鸡蛋孵化
2018	鲜食葡萄
2019	宠物食品
2019	橄榄果肉

资料来源：西班牙驻华大使馆经济商务处。

四、结语

面对当前全球经济的不确定性，西班牙和中国需要继续致力于打造强有力的联盟与合作框架，以促进经济发展、增长稳定和改善社会福利。

通过签署新协议、在新平台上开展合作来扩大西班牙世界领先的农产品和技术对华出口，对西班牙和中国都会有利，中国消费者将能够买到更多种类的优质商品。

在双边投资中实现真正的公平竞争，尤其是在促进高质量就业的新兴产业项目领域，会对西中贸易关系产生深远影响。《中欧全面投资协定》是一项互利互惠的协定，因而以透明高效的方式来落实该协定，确保西班牙和中国企业在一致的法律框架下开展经营活动符合中国自身的利益。

2021年3月，中国"十四五"规划出台。我们希望中国继续履行支持多边主义和实施更加开放的经济政策的承诺。这种承诺与改革开放政策一脉相承，在过去几十年里给中国带来了前所未有的历史性经济增长。

中非合作前景

拉赫曼塔拉·穆罕默德·奥斯曼

拉赫曼塔拉·穆罕默德·奥斯曼，2018年担任非盟常驻中国代表，毕业于喀土穆大学，获经济学学士学位（1976年）和非洲与亚洲研究所政治学硕士学位，在40余年的职业生涯中担任过多种政府高级职务，2014—2015年担任苏丹常驻联合国代表，2010—2014年担任苏丹外交部副部长，2004—2008年担任苏丹驻巴西大使，2005—2008年担任苏丹驻智利、阿根廷和委内瑞拉非常驻大使。

自2000年中非合作论坛启动以来，双边关系在过去20年中实现了跨越式发展，切实体现了中非浓厚的传统友谊。此外，习近平主席于2013年发起的"一带一路"倡议，最初覆盖从东亚到欧洲的基础设施建设和投资，而后扩展到非洲。

过去20年来，中非合作在政治、经济、技术、科学和社会文化领域取得了诸多成就。事实上，过去20年里，中非伙伴关系在争取可持续发展、改善非洲人民生活条件的斗争中留下了浓墨重彩的一笔。在投资、贸易、卫生、农业、能源、教育、文化和人文交流等领域，中非合作取得了诸多互利互惠的务实成果。

最近，中非伙伴关系还强调在"一带一路"倡议框架下开展合作。正如2018年《关于构建更加紧密的中非命运共同体的北京宣言》中明确指出的那样，非洲作为"一带一路"的自然和历史延伸，是"一带一路"倡议的重要参与者，该框架下的合作应为非洲的发展创造更多资源，扩大市场和发展空间。双方同意将共建"一带一路"倡议、联合国2030年可持续发展议程、非盟《2063年议程》以及非洲各国发展战略结合起来，形成强大的协同作用。双方还一致认为，在政策、基础设施、贸易、金融和人员往来方面加强互联互通，加强产能合作，加强非洲基础设施和产业发展规划合作，将为中非互利共赢、共同发展注入新动力。

应当指出，作为未来50年非洲大陆社会经济转型的战略框架，非盟《2063年议程》强调了一体化是非洲实现包容性和可持续增长与发展目标的关键基础之一。特别是该议程强调了建设纵贯非洲的世界级基础设施的重要性，并将实施更新和更大胆的举措，通过铁路、公路、海运和空运提升非洲大陆的互联互通，以及发展区域性的和非洲大陆的电力储备和信息通信技术。联合国2030年可持续发展议程也是全世界发展合作的指导蓝图。近年来，国际社会在实现议程目标方面取得了初步进展，但全球发展仍然不平衡。

非盟和联合国一直在共同努力，同步推进这两项议程。2018年1月，联合国秘书长安东尼奥·古特雷斯同非盟委员会主席穆萨·法基·穆罕默德在第30届非盟首脑会议上签署了《非盟—联合国执行〈2063年议程〉和2030年可持续发展议程框架》。非盟—联合国可持续发展联合框架旨在加强双方协作力度，确保这两项议程被纳入成员国国家规划框架，为推动非洲发展作出积极贡献。以协调一致的方式实施这两项议程，将有助于最大限度地减少重复工作，优化资源利用，获取国内外利益相关者和发展伙伴的支持。

2020年对全世界而言都是极具挑战性的一年，新冠疫情导致经济活动放缓、价值链被破坏、公司倒闭、多国税收大大减少。非洲遭受了疫情的重创，尽管非洲各国一直在努力降低疫情的冲击，但现在仍能感受到疫情对社会经济的影响。同样，新冠疫情也对联合国2030年可持续发展议程目标的实现带来了巨大挑战，加剧了各国如期实现议程目标的难度。

近年来，中国在减贫和消除绝对贫困方面取得了显著成就，成为第一个提前实现千年发展目标中减贫目标的发展中国家。因此，各国一致认为非洲可以借鉴中国的经验来开展扶贫减贫活动。

通过提高发展能力和优化发展伙伴关系等国际合作，中国已帮非洲减轻了疫情影响，从而有助于加快落实联合国2030年可持续发展议程，推动实现共同繁荣。中非双方应继续秉持"中非团结抗疫特别峰会"精神，带头做好疫情应对工作，包括为非洲从中国获得医疗物资提供便利，加快非洲疾控中心总部建设，加强卫生、疫苗和药品及复工复产等重点领域的合作，改善民生。

为推动非洲大陆的发展，非洲在农业、贸易、工业以及基础设施等领域实施了非常具体的项目。促进非洲发展的关键机制之一是非洲大陆自由贸易区（AfCFTA），该机制是非洲国家促进非洲内部贸易、实现非洲大陆经济多元化和结构转型、实现重要社会经济发展目标的机会之窗。非洲大陆自由贸易区的目标是协调贸易政策和监管框架，促进贸易谈判合理化，降低营商成本，支持工业化，并鼓励跨境基础设施项目建设。然而，为实现这些目标，需要通过中非合作论坛和"一带一路"倡议与中国建立强有力的伙伴关系，以调动资源和利益相关者的积极性，推进自由贸易区的建设。非洲大陆自由贸易区的全面建设也将改善非洲吸引投资的前景。中国和其他合作伙伴将从非洲的投资机遇和更加广阔、高效和协调的市场中受益。

第十三届全国人民代表大会最近通过的《中国国民经济和社会发展第十四个五年规划和2035年远景目标纲要》表明，中国将在规定的时间内实现全面建成小康社会的奋斗目标，并在未来几年内开启全面建设社会主义现代化国家的新征程。这标志着中国将进入新发展阶段，坚持新发展理念，加快构建以国内大循环为主体、国内国际双循环相互促进的新发展格局。这可能会在根本上为非洲提供广阔的市场和发展机遇，对加强各个层面的互信和确保实现合作共赢至关重要。中非公共和私营部门的伙伴关系将成为所有协调行动的先决条件。

2021年是中非关系史上的重要一年，因为新一届中非合作论坛将于2021年在塞内加尔举行。[①] 本次论坛将推动中非合作共赢

---

①　当地时间2021年11月29—30日，中非合作论坛第八届部长级会议在塞内加尔首都达喀尔举行，会议于30日通过《中非合作论坛第八届部长级会议达喀尔宣言》。——译者注

与共同发展迈上新台阶，因而意义重大、影响深远。中国已将非洲视为重要的发展伙伴之一，人们对即将召开的中非合作论坛怀有巨大期望，认为本次论坛将加强中国"两个一百年"奋斗目标和非盟《2063年议程》以及非洲各国发展战略的协同作用。除了常规议题，即将召开的中非合作论坛还将关注后疫情时代的社会经济复苏、医疗、数字经济、蓝色经济和绿色发展等议题。

毫无疑问，非洲前景光明，蕴含巨大的经济潜力。此外，非洲的年轻人口占总人口比例很大，且增长迅速。目前非洲人口为12亿，预计到2050年将增加一倍以上。非洲60%的人口年龄低于25岁，到2050年，15—24岁的人口将达到4.52亿。非洲的年轻人口是推动非洲大陆发展的机会。中国作为非洲各国一直以来的合作伙伴，在非洲推动知识共享、创业、文化和经验交流，在促进非洲青年赋权方面发挥了关键作用。

虽然中非合作论坛取得了诸多互利的务实成果，但中非仍需充分利用伙伴关系，挖掘现有市场、投资、贸易和商机的潜力。非洲与中国应加强合作，以实现非盟《2063年议程》愿景和中国"一带一路"倡议合作目标。这种伙伴关系也将帮助非洲实现联合国2030年可持续发展议程目标。所有利益攸关方都应发挥关键作用，阐明中非发展计划的实施情况，并动员必要的伙伴关系以达到预期效果。

"一带一路"倡议彰显肯尼亚与中国的牢固友谊

萨拉·塞雷姆

　　萨拉·塞雷姆,肯尼亚驻华大使,获得罗毕大学(社会学和政治学专业)文学学士学位和工商管理硕士学位,担任薪资和薪酬委员会主席长达6年,在人力资源管理领域拥有超过34年的经验和成功职业生涯,是东非大学巴拉顿分校及其他学校董事会的成员、基督复临会发展与救济局(ADRA)的国际董事会成员。

中非关系之所以能够在学术界和民间都引人注目，不仅是因为双方都经历了快速增长，更多的是由于中国的转型发展使其取得了消除绝对贫困的非凡成就。

肯中关系也不例外。肯尼亚正处于整装待发的状态，不需要重新摸着石头过河来摆脱贫困的桎梏。中国在不到50年的时间里使数亿人摆脱贫困、改善了人民的生活水平，肯尼亚愿意积极学习中国的成功经验。

肯尼亚的经济在过去几年实现了相当大的增长，平均增长率超过5%。截至2016年，肯尼亚的国内生产总值为705.3亿美元，人均收入为1587美元。肯尼亚的经济有别于大多数非洲国家，它不仅是非洲经济最多元化的国家之一，也是该地区最发达的国家之一。

近年来，肯中关系已深入贸易领域。厄尔·康特–摩根（Earl Conteh-Morgan）教授称，到2009年，中国已超过所有发达国家和主要贸易集团，成为非洲最大的贸易伙伴。截至2020年，中国是肯尼亚的主要进口来源市场，占其进口总额的20%以上。

肯中友谊可追溯至大约600年前，当时明朝伟大的航海家郑和在肯尼亚沿海城镇马林迪登陆。1963年，肯尼亚获得独立，肯中两国建交，此后两国关系日益重要，走上互利互惠、高层互访的稳定道路。

肯尼亚经济始终保持稳定增长，为国际商品提供了更大的市场。近年来发生的一些重大事件标志着肯尼亚的经济正蓬勃发展，包括区域一体化的深化、外国直接投资（FDI）的增长和越来越多的国际企业在肯尼亚开设工厂。所有这些标志着肯尼亚已将自身建设成为进入东非和中非市场的门户。

在这样有利的背景下，肯尼亚推出了"2030年愿景"，这是一项旨在全面改善和建设新基础设施的国家战略，也是肯尼亚到2030年实现快速工业化转型和成为富裕的中等收入国家的蓝图。基础设施在经济发展中的作用已得到充分证明。中国在非洲参与基础设施建设为非洲制造业和整个社会注入了巨大活力。

为实现"2030年愿景"，肯尼亚制定了具体目标，即"四大议程"，目的是建立一个经济快速增长的统一国家，实现财富增长，所有公民都能共享繁荣。"四大议程"是一个优先发展的整体框架，包括四部分：制造业、全民医疗服务、可负担的住房和食品安全。

在制定这些目标和指标时，肯尼亚研究并参照了中国的经验。肯尼亚钦佩中国令人难以置信的发展经验，无论是在制造业、基础设施建设、市场准入、价值增值还是在农业机械化方面。肯尼亚相信，在中国等合作伙伴的支持下，肯尼亚有望提升制造能力，将制造业对国内生产总值的贡献率提高到15%，这将创造更多就业机会和减少贸易逆差。

尽管中国人口众多，但由于有针对性地投资农业，中国能够轻松地养活全部人口。尽管农业是肯尼亚的经济支柱，占国内生产总值的30%，但粮食安全对肯尼亚和整个非洲来说仍是一个挑战。

非洲拥有世界上60%的可耕地，但非洲大陆的农业基础设施急需投资。在肯尼亚，农产品收获后的损失率高达50%。但事实上，只需对储存和包装进行一点简单的创新便可永久性地解决这个问题。通过这种微小的调整，再加上投资，足以使非洲成为世界粮仓，而不是目前的粮食净进口地区。这便为肯尼亚和非洲的朋友——中国提供了良好的投资机会。

肯尼亚的投资环境良好且富有吸引力。肯尼亚为吸引外资做了周详的准备，其在世界银行"营商便利度"排行榜上排名的提高就是证明。准备工作的一部分包括取消阻碍和拖延投资进程的官僚主义程序。方法之一是设立"一站式服务中心"，确保为实施新的投资项目以及减少现有投资项目和企业的运营成本提供高效且有效的服务。肯尼亚投资促进局下属的"一站式服务中心"集中了所有为投资者提供服务的关键政府部门，从而简化了行政程序。此外，肯尼亚投资促进局还提供已经完成可行性研究和增长预测的"立刻可投资"（ready to invest）项目。全国各地已经划定和建立经济特区和工业园区。

对肯尼亚港口基础设施的投资对肯尼亚大有裨益，这将使肯尼亚产品能够输往亚欧。"一带一路"倡议带来的机遇预示着非洲将迎来重大发展机遇，就像非盟《2063年议程》中所设想的那样。"一带一路"倡议的好处显而易见，并且正在逐步显现：出口量增加，人文交流日益频繁，以及一个涵盖快速发展的亚太地区到非洲东海岸的大规模互联经济区出现。肯中关系对这一互利倡议的成功发挥着重要作用，确保着安全、稳定和有利的可持续投资环境。

此外，这种基础设施投资不仅释放了国内资源，而且使这些资源优化配置到教育、就业和医疗保健等需求迫切的领域，同时促进了整个非洲大陆的工商业活动。

总体而言，中国企业在非洲开展业务时履行了社会责任，促进了当地商业环境的健康发展。例如，肯尼亚中国经济贸易协会的研究表明，尽管有时候也出现负面报道，但中国建筑企业在肯尼亚的影响总体上是积极的。通过提供高质量的工作，提高整个行业的竞争力，以及如期或提前交付工程项目，中国已帮助肯尼亚在实现基础设施发展目标方面取得长足进步。

非洲各国人民可以发挥作用，确保中非接触有助于巩固非洲的独立、经济解放和社会转型。中肯两国人民在人文交流领域潜力巨大。中国正在投资可能会彻底改变经济和社会的技术，而非洲大陆拥有这些技术需要用到的几乎所有自然资源。新一代科学家正在努力确保非洲的资源及其创造的财富能够留在非洲大陆。此外，中非伙伴关系正在为非洲知识分子、卫生工作者、工程师和科学家，甚至是传统治疗师的转型发展铺平道路，同时使他们能够保留各自文化的精髓。事实证明，中国有能力在实现自身发展的同时，为非洲提供一条实现愿景的发展道路。

即便如此，中非贸易不平衡问题仍需解决，以使双方能够更好地分享贸易成果。其解决方案有很多。首先，中国可以考虑降低或取消对非洲进口商品的关税，降低中国市场对非洲国家的准入门槛。其次，减少非关税壁垒。再次，帮助在中国推广非洲商品。进一步的解决方案包括鼓励中国企业在非洲制造产品并将之销往世界各地。最后，设立更多的合资企业，这将极大地推动非洲工业发展。例如，肯尼亚显然一直是并将继续是非洲最稳定的国家和经济基地之一，并因此成为外界与非洲进行贸易、投资和技术合作的重要窗口和桥梁。

中国在肯尼亚和非洲的存在可以说是积极的。"一带一路"倡议为弥补肯尼亚基础设施赤字开辟了道路，截至目前，肯尼亚的经济增长已经取得显著成果。"一带一路"倡议展现出的发展潜力不断得到发掘。此外，该倡议还提供了一个真正的、独一无二的机会，即通过人文交流让肯中两国600多年的交往关系重新焕发光彩。最终，两国的持续合作将在实现非洲独立、经济解放、社会转型和确立非洲在世界秩序中的应有地位方面发挥举足轻重的作用。

中国与爱尔兰的经济金融合作

安黛文

　　安黛文，2021年担任爱尔兰驻华大使，兼任驻蒙古国大使，毕业于贝尔法斯特女王大学公共管理学院，获治理学博士学位，1992年加入爱尔兰农业与食品部，1998—2002年任爱尔兰驻西班牙大使馆一等秘书，2004年任爱尔兰农业与食品部兽医督查，2010年成为该部首席经济学家，2015年被任命为该部助理秘书长。在赴北京就任前，她曾任爱尔兰外交部全球领事保护与服务司长。

在以爱尔兰大使的身份抵达中国之前，我像其他到中国履职的同事一样，花了很长时间来熟悉爱中双边关系的方方面面。

我预期两国关系是积极和强健的，但我仍被爱中合作领域的多样性震惊。在这些领域中，爱中两国的经贸伙伴关系显然尤为重要。

爱中经济有很多共同点：两国都曾以农业为主，并在相对较短的时间内转变为经济发展迅速和技术创新的经济体。两国政府都非常重视教育和创新，以此提高人民生活水平。两国都决心为全球经济发展贡献自己独有的能力。

此外，面对新冠疫情的挑战，爱尔兰和中国也是少数几个在2020年实现国内生产总值正增长的国家之一。

一、双边贸易

爱尔兰与中国有很多共同点，因而自1979年建交以来，几十年里双边贸易持续增长。近年来，两国贸易发展迅速，双边货物和服务贸易额从2013年的70亿欧元左右增至2019年的超过240亿欧元。

尽管受到当前疫情影响，两国贸易额仍然持续保持强劲增长。2020年，双边货物贸易额约为168亿欧元，同比增长18%，其中爱尔兰对华出口额超过105亿欧元，中国对爱尔兰出口额超过62亿欧元，这个成绩相当出色。

除了积极开展双边货物和服务贸易，爱尔兰还通过诸多驻华外交机构积极与中国接触。目前，爱尔兰在北京设有大使馆，在上海和香港设有总领事馆，在北京、上海、香港和深圳等城市设有政府机构驻华代表处。

爱尔兰企业局、爱尔兰投资发展局、爱尔兰食品局和爱尔兰旅游局都在积极提升爱尔兰在中国的知名度与影响力，增进中国人民对爱尔兰的全面了解。

作为一个政府机构，爱尔兰企业局的职责是与本国企业合作，帮助它们在全球市场上立足、壮大、创新并赢得出口机会，帮助爱尔兰企业在世界市场上发展与成长。

爱尔兰投资发展局的主要职责是鼓励外企向爱尔兰投资。爱尔兰食品局负责将爱尔兰的美食、酒水和园艺产品推向世界，帮助生产商获得可持续发展。爱尔兰旅游局的职责是向海外推广爱尔兰岛，帮助其成为一流度假目的地。

在中国的许多城市，爱尔兰大使馆、领事馆和政府机构代表处致力于推动爱尔兰和爱尔兰的企业引入高质量的爱尔兰产品服务于中国消费者。从贸易投资展览会、海鲜和食品饮料交易会到教育博览会和文化推广活动，爱尔兰驻华外事机构最大限度地通过线下和越来越多的线上活动与机会来宣传爱尔兰。

长期以来，爱尔兰积极参与中国举办的顶级国际贸易展，如近几年参加的中国国际进口博览会和中国国际服务贸易交易会。

中国对爱尔兰的投资也实现了强劲增长。2019年，中国对爱尔兰的外国直接投资同比增长56%，达到1.305亿欧元。2020年，中国对爱尔兰的投资进一步增加，华为扩大投资并雇用更多员工。2021年，TikTok宣布计划在爱尔兰建立首个欧洲数据中心，这是其对爱尔兰的4.6亿欧元投资计划的部分内容。

中国"十四五"规划中提出的国家经济发展首要任务与爱尔兰具有的优势之间存在着广泛的互补性。爱尔兰政府计划对此加以利用，并与中国政府紧密互动。爱尔兰在创新、创业、科技（包括研发）、高等教育、高科技（包括绿色、清洁和金融科技）、金融服务、食品、农业科学和食品安全系统等领域拥有特别的优势。

二、研究与开发

除了贸易，爱中经济还有许多相似之处。中国近期（2021年3月）出台的"十四五"规划规定了许多优先发展领域，如可持续的城镇化、创新、研发、绿色发展和区域发展等，都引起了爱尔兰主要政策制定者的浓厚兴趣。而且，爱尔兰在前述许多领域中的全球排名都非常高。

近年来，爱尔兰在研发领域的全球排名大幅上升，在以下领域的表现尤为突出：在纳米技术领域居第一位；在动物、乳制品科学和免疫学领域居第二位；在计算机科学领域居第二位；在畜牧业和乳制品科学领域居第三位；在材料科学领域居第五位。

很大程度上，爱尔兰高等教育机构是爱尔兰研发生态系统的一部分，与世界各地的教育机构都有联系。在教育合作领域，爱中教育机构目前开设有200多个联合高等教育项目。

此外，2019年7月，爱中签署《关于促进科技创新合作的谅解备忘录》。这将深化两国在研究和创新领域的关系，对实现两国成为全球创新领导者的共同抱负至关重要。

两国之间持久的人文交流充分体现在教育领域，每年都有成千上万的学生抓住机遇赴中国或爱尔兰留学。

三、金融服务

30多年来，爱尔兰一直在向世界各国提供国际贸易领域的专业金融服务。爱尔兰在国际银行、保险、航空融资、金融科技和支付以及资产管理和基金服务行业久经考验的能力，一直是其经济增长的源泉，爱尔兰人以此为傲。

爱尔兰广泛的金融服务部门连接了全球国际资产管理公司与70个国家的客户，显示了作为通向欧洲门户的力量——我们用自己的技能为合作伙伴和自己创造成功。

2019年4月，爱尔兰政府推出了"爱尔兰金融"（Ireland for Finance）这一政府整体战略，旨在到2025年推动爱尔兰国际金融服务业的进一步发展。该战略的愿景是使爱尔兰成为专业国际金融服务的顶级选择地。

该战略计划到2025年，爱尔兰国际金融服务业直接就业人员达到5万人。截至2018年底，该领域直接就业人员为4.4万人。

该战略包括以下四个重点领域：

第一，运营环境。确保支撑国际金融服务的政策、文化和立法能够支持经济增长。

第二，技术与创新。以合作的方式应对技术发展中出现的新挑战与新机遇。

第三，人才。确保爱尔兰持续拥有熟练的人才以满足国际金融服务领域的需求，包括新的和不断变化的技能需求。

第四，沟通和推广。确保爱尔兰的国际金融产品能够触达所有正在爱尔兰投资或可能被吸引到爱尔兰投资的人。

三个横向优先发展领域（区域化、可持续金融和多元化）与这四个重点领域交叉推进。

爱尔兰金融战略还认识到，多元化的组织通过发挥具有不同经验、知识和技能的群体的智慧，能够改善协作和提升业绩。就此而言，性别多样性发挥着至关重要的作用，有助于推进决策过程、提高决策质量。

从长远来看，取得成功的关键是对知识和关系的持续投资。爱尔兰能够并将越来越多地为希望在中国证券市场部署资本的投资经理提供入境渠道，行业参与者此前围绕"沪港通"基础设施所做工作以及2016年底爱尔兰获得的人民币合格境外机构投资者（RQFII）配额即是明证。

同样重要的是，随着资产管理能力的快速提高，中国自然会寻求新的市场和客户基础，以扩大国际业务规模。作为全球资产管理和基金服务中心，爱尔兰已准备好协助中国推进国际金融业务。

四、绿色金融

爱尔兰政府早已认识到绿色金融的重要性，我国是首批将绿色金融作为战略重点的国家之一，自2012年起政府就出台政策加以支持。

爱尔兰的"国家减排行动计划"（National Mitigation Action plan）包括一项具体行动——探索吸引国内和国际资本进行脱碳融资的最佳办法。

绿色金融不仅在支持脱碳上具有重要作用，而且可以提供振奋人心的机会。随着可持续金融倡议在欧盟层面的发展加快，这一特点更加显著。

抵达中国后，我了解到中国在该领域的诸多举措。我相信对两国来说，这是一个潜力巨大的合作领域。

五、金融科技

过去5年（2016—2020年）中，爱尔兰对中国的金融科技出口大幅增长，进军中国市场的爱尔兰金融科技公司比以往任何时候都多。中国一些大的金融机构和组织目前正在使用爱尔兰的金融科技解决方案，如中国银行、工商银行、汇丰银行、香港赛马会、商汤科技和字节跳动。

爱尔兰的金融科技能力极为丰富，在两个关键领域——监管科技和支付领域——尤为强大，这些领域的对华出口一直保持强劲增长。如今，包括中国市场在内的金融服务行业正面临日益复杂和快速发展的监管形势以及持续的破坏和转型，爱尔兰监管科技公司在帮助客户应对这些变化方面树立了世界一流的声誉。爱尔兰监管技术集群，包括备受瞩目的爱尔兰公司Fenergo、Know Your Customer、Daon和MyComplianceOffice等，都已进入中国市场。

在支付领域，爱尔兰也凭借Fexco、Taxback International、CurrencyFair、MiFinity和Ding等企业成为世界领跑者。爱尔兰支付公司正在与中国支付公司合作强化欧—中支付走廊，以下两个案例体现了这种伙伴关系。

近来，为全球消费者和企业提供国际汇款服务的领先供应商CurrencyFair宣布，与康宏环球控股有限公司旗下的香港康宏支付签署战略合作伙伴关系，进军中国市场。另一家爱尔兰汇款企业MiFinity获得了通过银联全球速汇进行跨境汇款服务的许可。

爱尔兰是著名的全球金融服务中心，目前有数百家世界领先的金融服务公司在我国开展业务，全球40%的对冲基金资产由爱尔兰提供服务。在全球金融服务出口领域，爱尔兰目前排在第四位。

爱尔兰金融科技企业在中国的最近成功范例是全球股票（Global Shares）。全球股票是目前在中国发展最快的爱尔兰金融科技公司，也是全球为数不多的通过员工股权激励与公共和私人企业合作，实施完全外包的员工持股计划管理的公司之一。2018年，全球股票在香港设立首个办事处，2019年在北京设立办事处，表现出惊人的增长势头，说明中国市场能为相关企业的快速增长提供更大潜力。

六、女性在爱尔兰：商业、金融和创业领域

商业和金融领域的多样性也是爱尔兰的一个主推事项。我们认为，这对于恰如其分地反映我们所处的现代化和全球化社会来说至关重要。同时，这有助于进一步推动经济的可持续和包容性增长。为营造性别更加多样化的商业环境，2020年1月，爱尔兰贸易促进机构爱尔兰企业局推出一项"女性参与商业"的行动计划。爱尔兰认为，提高女性在创建、领导和发展企业方面的参与度，将推动商业高质量发展和实现更快速、更可持续的长期经济增长。

"女性参与商业"行动计划包含四大部分：第一，增加由女性领导的、国际市场份额不断扩大的成熟企业数量；第二，增加爱尔兰企业中中高级管理层和领导层的女性人数；第三，增加女性企业家的人数（我们正在投资建设一个全国性的榜样网络，与未来的企业家互动和激励她们）；第四，增加具有高增长潜力的、女性为主导的初创企业数量（我们成立了一个专门团队来支持女

性创始人，并发起了一系列针对来自三级机构的女性企业家和研究人员的资助倡议）。

"女性参与商业"行动计划还制定了其他一些方面的增长目标，包括女性领导的国际型企业数量，女性对爱尔兰企业管理发展计划的参与率，参加创业计划的女性人数，地方企业办公室对女性加入商业的支持，女性创办的高增长潜力初创企业的比例。

在《2019年爱尔兰金融业行动计划》中，行业咨询委员会（IAC）的任务是制定《女性参与金融宪章》（WIF宪章）。《女性参与金融宪章》要求，签署该宪章的企业承诺支持进入管理梯队和中层职位的女性晋升至金融服务部门的高级职位。

从国际上来看，英国于2016年3月推出《女性参与金融宪章》，已经有350多家机构签署，覆盖英国金融服务部门的80万名雇员。爱尔兰旨在以这一国际范例为基础，并已在实践中取得重大进展。

在《2020年爱尔兰金融业行动计划》中，爱尔兰金融业承诺制定一个与《女性参与金融宪章》相类似的章程，或寻求一个合适的最新替代方案，并寻求相应机构签署。爱尔兰政府在这方面已取得重大进展。2019年3月8日，爱尔兰政府同意在爱尔兰的"30%俱乐部"行动①下建立公共部门网络。这一举措以"30%俱乐部"行动为基础，旨在提供促进公共部门实现性别平衡的机会，以及在公共部门和企业之间分享推动女性担任领导职务的良好做法。

在爱尔兰所有行业中，女性申请董事级别职位获批准的比例从2018年的20%上升到2019年的26%。女性申请管理层职位

---

① 该俱乐部寻求提高公司里女性董事的比例至30%。——译者注

获批准的比例较高，在2018年和2019年均保持在29%的水平。2021年，爱尔兰继续推动多样性和性别平衡，推动确保多样性和性别平衡是国际金融服务公司的优先事项和议程重点。同时，继续推动该议程更进一步也很重要。

在中小企业层面，爱尔兰在支持起步阶段的女性企业家和商业女性方面也发挥了重要作用。通过全国性的ACORNS计划，农村地区的爱尔兰女企业家有机会接受同行的经验指导。在消除城乡差距方面，爱尔兰面临着与中国类似的挑战，特别是在激励位于主要商业中心地区以外的企业方面。通过ACORNS计划，爱尔兰成功支持了国内起步阶段的女性企业家开展业务。

"助力增长"是爱尔兰政府推出的另一项举措，旨在支持女性发展自己的企业。参与者将获得一个独有的向同行学习的机会，分享成功企业家和其他面临共同挑战的参与者的经验。

七、国际金融机构

爱中经济金融合作还延伸到国际金融机构领域。爱尔兰于2017年10月成为亚洲基础设施投资银行（亚投行）的成员国，与其他欧元区亚投行成员国（塞浦路斯、德国、法国、意大利、西班牙、奥地利、芬兰、卢森堡、马耳他、荷兰和葡萄牙）一起成为亚投行的欧元区代表国。

爱尔兰非常重视加入亚投行等多边金融机构，并全力支持其促进亚洲经济发展和区域一体化的关键目标。

加入亚投行也补充了爱尔兰的国际发展政策，扩大了爱尔兰对亚洲的发展援助范围，且与可持续发展和包容性经济增长等首要发展目标一致。

爱尔兰和亚投行的其他欧盟成员国都热衷于确保亚投行的创新方法与稳健的治理标准相辅相成，与其他多边开发银行保持一致。

八、结语

总的来说，爱中在经贸和金融领域的合作一直是两国最牢固和发展最快的关系之一。随着两国在相关领域合作的持续发展，我相信爱中两国都将从中获益。

随着中国成为世界舞台上越来越有影响力的伙伴和多边贸易体系的关键成员，爱中之间的合作与接触将变得愈加重要。

第二部分　共迎全球挑战

蓝色大理石：论人类经验的共性

苏　岚

　　苏岚，2019年担任斯洛文尼亚驻华大使，获得经济学硕士学位后，进入斯洛文尼亚外交部工作，曾担任斯洛文尼亚驻纽约总领事（2004—2008年）和驻以色列大使（2011—2015年），在推动本国在多个国际发展合作机制的发展中发挥了重要作用，是国际贸易促进委员会、SID银行—斯洛文尼亚出口和发展银行成员（2017—2019年）。

本文内容共分为三个部分，各部分的标题分别借用一本杂志、一次展览和一本小说的名字。这篇文章是对人类经验的普遍性和人类共同使命的简短反思。我相信艺术在揭示这一点上具有至关重要的作用，因而我希望能够通过上述三个文化作品予以展示。

一、全球概览

1968年秋天，美国反主流文化杂志《全球概览》（*Whole Earth Catalog*）的第一期刊登了第一张从外太空拍摄的彩色地球照片：黑色背景上的蓝白色雪花石膏球。这个标志性的图像后来被称为"蓝色大理石"。

该杂志以刊登产品评论以及散文和文章为主，内容主要围绕生态学、自给自足、DIY项目和整体论。这些内容成功地将传统上对立的社会群体联合起来，即探索太空的军事任务和新生的生态运动，以及计算机科学控制论和新兴的信息学。史蒂夫·乔布斯甚至把《全球概览》比作谷歌，说这本刊物是"（他）这一代人的《圣经》之一"。他补充说："它有点像谷歌的纸质版，比谷歌早了35年。它是理想主义的，充满了精巧的工具和伟大的想法。"[①]

因此，"蓝色大理石"在接下来的几十年里成为一个标志性的形象，成为人类经验的共性和普遍性的有力视觉表达。这张彩色的地球照片重新定义了我们所知的世界，我们可以从外部进行观察，这个世界没有边界、没有中心、没有外围；我们看到的不仅

[①] 参见 https://news.stanford.edu/2005/06/14/jobs-061505/。

是我们立足的土地，更是众多行星中的一颗。

我们唯一拥有的是这个地球，这个资源有限的行星属于全体人类。乌托邦式的普遍主义镌刻在这张照片中，成为生态运动的催化剂，提醒着人类的境遇。

二、人类大家庭

"人类大家庭"（The Family of Man）被誉为有史以来最成功的摄影展。该影展首次举办是在二战后的1955年。从1月到5月，来自68个国家273位艺术家的503张照片在纽约现代艺术博物馆展出。在摄影师、画家和策展人爱德华·史泰钦（Edward Steichen）的带领下，此次展览的503张照片结集成册，以影展的名字作为其名字出版。自出版以来，该书已售出400多万册，并且一直在重印。该展览在世界各地巡回展出长达8年，吸引了900多万名参观者。

此次展览的目的是通过摄影这一共通语言来展示人类经验的共性，试图回答关于人类的两个基本问题："人类是什么？""人类有何共同之处？"

该展览及其同名出版物受到各种各样的解读和批评。展览在美国的监视下展出，将美国价值观伪装成普世价值来宣传，招致激烈反对。也有人批评它过于感性、具有影射意味、意识形态化和充满文化殖民主义。尽管如此，"人类大家庭"仍然是有史以来参观人数最多的摄影展。正如艺术策展人、作家和电影制片人阿里埃拉·阿祖莱（Ariella Azoulay）所说，无论是否喜欢这些照片，观展者了解了艺术品传达的普遍性信息。阿祖莱认为，该展览不仅是摄影史上的一个重要里程碑，而且是"摄影与人权关系史上的开创性事件"，同时是"联合国《世界人权宣言》的视觉代表"。①

展览中的照片分为37个部分，包括出生、婚姻、孩子、工作、关系、学习、死亡、孤独和怜悯等。含有相似情景的照片被放在一起，展览借此方式成功地塑造了一种普遍的视觉话语。

此时此刻，世界各地正在与一场全球性大流行病作斗争，人们同样通过大量的照片、文章和社交媒体帖文记录了本次疫情。我们的集体普遍经验是通过人类共有的恐惧心理建立起来的。我们害怕生病，害怕让别人生病，害怕失去尊严，害怕孤独，害怕未知的未来。如今，人们想要获得普遍经验不再需要借助外部视角：我们只需要看看自己和我们的智能手机，就能了解世界其他地方正在经历的事情。

新冠疫情并不是现代的第一次大流行病。西班牙大流感距离我们并不久远，1918—1920年，西班牙大流感对世界造成了巨大影响，几乎毁灭了欧洲，5亿人感染病毒，至少4000万人因此丧生，超过一战的伤亡人数。② 由于该流感暴发时一战刚刚结束，而且伤亡人数极多，因而历史学家们未能做足准备以像人们预期的那样应对这场大流行病。

我们生活在一个技术上联系紧密、全球化的世界中，这让我们这个时代的大流行病与西班牙流感截然不同。虽然我们最初希望这场疫情能控制在某些区域内，但病毒很快就在世界范围内传播开来。各国进入封锁状态，并开始保持社交距离。当其他人在

---

① Ariela Azoulay, "The Family of Man—A Visual Universal Declaration of Human Rights," Thomas Keenan and Tirdad Zolgahdr (eds.), *The Human Snapshot* (Berlin: Sternberg Press, 2013), pp. 19-48.

② Katarina Keber, "Španska Gripa, Pandemija Moderne Dobe," https://www.alternator. science/en/shorter/spanska-gripa-pandemija-moderne-dobe/.

居家隔离时，科学家们回到实验室，潜心研制能够抗击新冠病毒的疫苗，他们的研发速度令人惊讶。由于技术进步和上网方便，人们通过Zoom求学、工作、上烹饪课、开研讨会、上音乐课和开展其他活动，形成新的社会互动形式和纽带：人们的交往从线下转到了线上。

无论你来自哪里，无论你身处何方，新冠疫情对每一个人都造成了影响。

三、"未来部"

《未来部》(*The Ministry for the Future*)是美国作家金·斯坦利·罗宾逊（Kim Stanley Robinson）在2020年创作的一部小说。这是一部气候小说，讲述的是气候变化导致的我们已知的和未来不久会产生的影响。它与科幻小说不同，科幻小说通常讲述的是现实世界之外的世界末日。①

罗宾逊的小说结合了虚构的目击者对全球变暖的叙述和关于气候变化的非虚构摘录——当今时代面临的主要问题。小说的主人公是爱尔兰前外交部长玛丽·墨菲（Mary Murphy），她领导着一个依据《巴黎协定》设立的新气候机构。这个机构不久后被命名为"未来部"，其使命是捍卫子孙后代的权利，他们与当代人拥有同等效力的权利。

小说围绕着女主人公墨菲展开，谈及她对各国中央银行的游说，背景则是气候危机让各国货币和国际金融体系的稳定性陷入

---

①　Kim Stanley Robinson, "The Ministry for the Future: A Novel," 2020, https://www.rollingstone.com/culture/culture-features/the-ministry-for-the-future-interview-kim-stanley-robinson-1101738/.

危险。尽管各国和各个行业都有巨大的既得利益，但她在一轮全球协调的绿色量化宽松中找到了解决办法———一种新的补充性加密货币：碳币。由于各国央行必然会长期购买碳币，这使碳币成为最安全的投资，全球经济体系因而有了应对全球变暖的动力。

为了写好这本小说，罗宾逊对外交、国际组织、中央银行、国际金融体系监管和法治进行了大量研究，作为应对气候变化的基本工具。

与墨菲女士一样，我们也在大步迈向国际气候外交，标志性事件是今年（2021年）举办的两次气候峰会：于今年11月在格拉斯哥举行的《联合国气候变化框架公约》缔约方大会第26次会议（COP26）和于今年10月在昆明举行的联合国《生物多样性公约》第15次缔约方大会（COP15）。[①] 因此，2021年是全球采取集体行动的重要一年。在我们致力于遏制全球健康危机和重启全球经济的同时，许多国家都认识到现在是时候制定和完成具体的环境任务了，因为气候变化的可怕后果已经显现出来。海平面上升，冰盖融化，洪水、干旱等极端气候事件频出，生物多样性丧失，野火频发，未来十年成功应对气候变化至关重要。

四、新冠病毒教给我们应对所有危机的经验

新冠疫情使人们对气候危机有了更多了解。根据气候学家的说法，气候危机是一场即将发生的悲剧，而疫病是一场正在发生的悲剧。然而，这两者都是前所未有的危机，需要我们立即关注。

---

① 参见 https://undocs.org/en/A/75/PV.4。

我们能够从这次疫情中吸取什么教训？又能用哪些教训来应对气候变化？

新冠疫情危机使全球公共卫生体系首当其冲，建设强大的公共卫生体系和使卫生治理成为全球公共产品的必要性成为人们关注的焦点。但我们现在认识到，全球公共卫生治理不仅需要各国公共卫生体系和国际卫生组织的参与，也需要学术界、非政府组织、慈善机构、医疗保健工作者以及医疗保健活动家和倡导者的参与。同样，保护生物多样性和应对全球气候变暖也需要这样的行动模式和各界合作。

在2021年，我们明白了快速、大规模的行为改变是可能的。我们现在知道，我们具备适应能力，因为我们已经见证、经历自身的适应过程。我们自己、我们的朋友和家人居家防疫，以免那些更容易感染病毒和出现并发症的人患病。我们今天自我隔离是为了疫情过后能够与家人和朋友欢聚在一起。我们知道，为了保护他人，我们能够长久、系统性地改变我们的行为，不仅仅是为了我们这一代人，更是为了我们的后代。

眼下的这场卫生危机再次表明，所有的危机都会加剧不平等。新冠疫情颠覆了我们生活的方方面面。虽然我们的恐惧没有差别，但国家内部和国家之间其他方面的不平等正在扩大。在疫苗获取、工作性质、为弱势群体提供必要支持的社会保障，以及经济迅速复苏的可能性方面，人类是不平等的。全球范围内的非正规就业人群中，妇女占了70%，她们的负担尤其沉重。

哲学家布鲁诺·拉图尔（Bruno Latour）博士指出："大家都知道，气候问题是所有地缘政治问题的核心，它与不公正和不平等问题直接相关。"如果气候危机没能得到有效控制，不平等将更加严重、更具破坏性。

全球性疫情的暴发也是人类整体反思社会运作方式的时刻。有远见的系统性变革不总是发生在重大危机和战争期间或之后吗？譬如为了防止未来的战争，二战后成立了联合国。后来，人们又在1948年通过了《世界人权宣言》。

关于减缓和适应气候变化的协议已经成为全球社会契约的一部分。享有健康环境的权利正在国家和区域层面获得认可。这一权利已在110个国家获得宪法的承认和保护，超过120个国家已经批准明确包括健康环境权的区域条约。如果联合国能够正式承认人人享有安全、清洁、健康和可持续环境的权利，那将是一个重要进步。为了管控气候变化，在2021年以及接下来关键的10年内，很多工作需要做。

这场史无前例的卫生危机让我们认识到，应对全球性灾难需要所有个人、企业和政府的参与。正因如此，各国政府推出了史上规模最大的经济复苏刺激方案，为失业者、破产者和无家可归者提供支持。各国政府在应对新冠疫情危机方面发挥的作用得到了广泛认可。例如，欧盟已经通过一项名为"下一代欧盟"的经济复苏计划，设立7500亿欧元的新冠疫情复苏临时基金，以恢复新冠疫情造成的社会和经济损失。加上欧盟的长期预算，"下一代欧盟"将是有史以来欧盟资助的最大规模的刺激经济方案。这一方案旨在建设一个更加绿色、更加数字化和更具韧性的欧洲。

2020年我们认识到，投资科研可以改变世界，新冠疫苗研发竞赛——这场迄今为止史上规模最大的公共卫生行动——证实了这一点。如果各国能够拿出同样的劲头，针对气候变化投资研发和创新，我们有望在气候健康领域取得同样的成就。

我们还发现，健康和环境密不可分。当新冠疫情暴发时，医务人员就建议公众每天洗手至少6—10次。而要洗手，首先必须得有水。2010年，联合国大会确认享有安全和清洁的饮用水及卫生设施的权利是一项人权，对于充分享受生命和所有的人权必不可少。我们从未像今天这样更充分地理解WASH（水、公共卫生和个人卫生）的含义。

五、水：作为人权与保障和平的机制

水将成为21世纪的战略资产以及我们面临的最严峻的全球性挑战之一。世界上40%的人口已经受到缺水的影响，而到2030年，全球用水需求将增长50%以上。全世界超过21亿人无法获得足够的水，23亿人（约占世界人口的30%）没有条件改善卫生设施。

请允许我简单介绍一下我国在水资源问题上的立场和抱负。斯洛文尼亚是水资源最丰富的欧洲国家之一，也是欧洲第二个修改宪法将保护饮水权纳入其中的国家。斯洛文尼亚分布着丰富的湖泊、河流、溪流和淡水泉。这启发了斯洛文尼亚在水资源及其综合管理以及双边和区域水合作方面建立良好的先例。对水作为公共产品的理解推动斯洛文尼亚议会通过2016年修正案，宣布水是"由国家管理的公共产品"，而"不是市场商品"。

斯洛文尼亚对水的重视还体现在，水（议题）是我们在2021年下半年担任欧盟理事会轮值主席国期间的优先事项之一。斯洛文尼亚将倡导将水议题系统、全面地纳入欧盟对外行动的所有方面和层面。我们的方法是基于"人道主义—发展—和平"的三重关系，从根本上促进水合作，将其作为推动和平、发展以及政治和社会安全的机制，同时强调享有清洁用水和卫生设施的人权。

虽然新冠疫情危机改变了2020年政治和环境工作的重点，但

2021年我们仍然能够看到一定的希望。在2020年9月的联合国大会上，中国国家主席习近平宣布二氧化碳排放力争于2030年前达到峰值，努力争取在2060年前实现碳中和。习主席强调，"这场疫情启示我们，人类需要一场自我革命，加快形成绿色发展方式和生活方式"。与此同时，美国已经重返《巴黎协定》，欧盟一直致力于完成环境使命，目标是使欧洲成为世界上首个实现气候中性的大陆。在宣布欧洲绿色协议时，欧盟委员会主席乌尔苏拉·冯德莱恩在一次视频采访中表示："这是欧洲的人类登月时刻……我们的目标是使经济发展与环境保护相协调。"[①]

正如我们需要采取措施抗击疫情一样，我们同样需要采取行动应对气候变化。为此，各国需要上下一心、彼此团结。我们需要采取具有包容性和解放性的集体行动，如此才能建立所有人都享有安全的社会。好消息是，我们已经有应对气候变化所需的蓝图，具有应对新冠疫情的经验。在《巴黎协定》和联合国可持续发展目标的指引下，我们能够将应对气候变化的设想转变为切实的行动。

----

① 参见 https://www.theparliamentmagazine.eu/news/article/europes-man-on-the-moon-moment-von-der-leyen-unveils-eu-green-deal。

构建新型中国—荷兰绿色伙伴关系

贺伟民

　　贺伟民，2019年2月至2023年8月担任荷兰驻华大使，出生于1963年，毕业于奈梅亨大学和波士顿学院，获英语语言文学硕士学位，1988年进入荷兰外交部工作，先后担任荷兰驻美国大使馆副馆长和政治事务副总干事、驻加拿大大使和政治事务总干事。在赴北京就任前，他担任荷兰国防部秘书长一职。

一、引言

2021年是全球应对气候变化的关键一年,《联合国气候变化框架公约》缔约方大会第26次会议于11月在英国格拉斯哥举行,联合国《生物多样性公约》第15次缔约方大会于10月在中国昆明召开。我们需要拿出成果,以确保《巴黎协定》能够得到全面实施,用实际行动证明世界不会因新冠疫情危机而背弃实现气候目标的承诺。荷兰正全力致力于实现《巴黎协定》制定的减排目标,并随时准备与中国和其他国家共同努力,推动各国在这两次缔约方会议上实现更大的突破。

与许多其他国家一样,荷兰非常欢迎习近平主席提出的碳达峰和碳中和目标。在2020年9月22日的联合国大会上,习主席在讲话中指出,中国将力争在2030年前使碳排放达到峰值,努力争取2060年前实现碳中和。在2020年12月召开的气候雄心峰会上,习主席宣布了更为具体的2030年目标。要想实现《巴黎协定》制定的气候目标,我们需要中国扮演领跑者的角色。

2021年的中国两会审议并通过了"十四五"规划。尽管规划没有对碳中和和碳达峰作出新的承诺,但我们认为中国有很大可能会在行业五年计划与碳达峰行动方案里进一步展示政策雄心。

荷兰与中国已在许多有助于实现气候目标的领域展开合作。首先,两国在能源领域的合作由来已久,尤其是在海上风力发电领域。其次,两国在提高农业可持续性和改善食品质量方面也合作广泛。再次,两国在水资源管理上也展开了密集的合作,如海绵城市和流域监测、水环境与输水等领域。最后,同样重要的是,多年来两国的科学合作也大幅增加。

在当下这个经济动荡、地缘政治格局不断变化的时代，当务之急是持续推进双边关系发展、携手应对未来的挑战，而气候变化正是当今时代最严峻的全球性挑战。

本文将考察两国当前的合作行动，并探索未来的合作领域。为了更好地理解这一点，我将首先解释荷兰和欧盟为实现《巴黎协定》的气候目标作出了哪些承诺。

二、荷兰的国家气候协议与欧洲绿色协议

2019年，荷兰制定了国家气候协议，承诺如下：到2030年，实现温室气体排放量在1990年的基础上减少49%；到2050年，实现温室气体排放量在1990年的基础上减少95%；实现电力系统零碳化。

荷兰制订了《国家能源和气候计划（2021—2030）》（NECP），作为对国家气候协议的补充，规定了未来10年气候和能源政策的主要优先事项。

与此同时，欧盟制定了"绿色协议"，承诺到2050年实现"气候中和"。这一协议展示了欧盟在应对气候变化上的领导力，并为其他国家和地区树立了榜样：欧盟强化了自身承诺，制定了2050年实现"气候中和"的目标，并进一步提高温室气体短期减排目标，即到2030年，在1990年的基础上减少49%。

为了实现这些雄心勃勃的目标，欧盟需要在多个领域发力，包括：投资环境友好型技术；支持产业创新；推广更清洁、更便宜、更健康的私人和公共交通形式；推动能源部门去碳化；确保建筑物更加节能；与国际伙伴合作，提高全球环境标准。

在向气候中和经济的转型中，中国、欧盟与荷兰面临着类似

的机遇和挑战，因而我们需要不断分享知识并继续建立绿色伙伴关系。

三、能源合作

如前所述，中荷两国在能源方面已有长期合作，尤其是在海上风电领域。荷兰企业深度参与了中国的能源转型。在这些合作中，下列两个案例尤其瞩目。

第一，风电。约有20家荷兰企业活跃在海上风电领域。现在，海上风电场的风力涡轮机越来越大，风电场的位置也越来越远离海岸，荷兰在海上实施复杂项目的专业知识可以为此提供技术支持。

第二，清洁能源与储能。自从氢能成为清洁能源和储能的新选择以来，我们一直积极为中荷氢能合作提供平台。荷兰氢能部门与优秀的荷兰企业和知识机构合作开展了国际商业伙伴（PIB）项目，旨在在中国开发和实施氢能应用示范项目。在这方面，我们与联合国开发计划署一起组织了一个大规模的实况调查团，探索华南地区的合作机会，其中许多企业还参加了在佛山市举行的联合国开发计划署氢能产业大会。

我们现在已进入一个新的十年，从化石燃料向可再生能源转型的时机已经到来。通过燃煤来生产能源，即使是以最清洁的形式，也不再是一项可行的经济选择，因为可再生能源价格低廉，而且《巴黎协定》也不支持使用燃煤。

在荷兰，可持续性、可负担性和可靠性是发展海上风电的关键原则。为了在荷兰和国际能源系统中令海上风电更有优势，推动和引进技术创新至关重要。我们激励技术创新的方法之一是举办海上风电创新挑战赛，该赛事已经进入第四个年头。通过比赛，初创企业和小型企业可以申请为领先的海上风电企业设定的某一项挑战提出解决方案。今年（2021年）海上风电创新挑战赛的目的是寻找成本更低、效率更高的方法来监测海上风电场的生物多样性，并制造出完美的人工礁石。

凭借能效技术和解决方案，荷兰在可持续建筑方面也颇具实力。我们已经与多个中国城市就促进循环经济发展、建设智能城市和无废城市展开讨论与合作。建设更加绿色的城市和实现净零排放对两国都是有利的。

荷兰致力于在2050年实现碳中和。在过去的几年里，超过450个创新项目已经启动，覆盖太阳能技术、减少能源消耗、可持续供热和制冷系统，以及智能IT解决方案等领域。

四、更加可持续的粮食体系

在农业方面，荷中两国面临着类似的全球性挑战，即在应对气候变化的同时，用相对有限的可耕地养活本国人口。这一点对荷兰而言尤为明显，因为荷兰的一半国土都处于海平面以下。食品行业的温室气体排放量占全球温室气体排放量的近三分之一，消耗了大量的自然资源。

荷兰支持欧盟提出的"从农场到餐桌"战略，该战略是欧洲绿色协议的一部分。欧盟委员会已经制定目标，到2030年减少50%的农药使用量，通过改善水土减少50%的养分流失。中国和荷兰在促进农业可持续发展和改善食品质量方面已有长期的合作。

可持续性既能保护地球又能增加利润，因为它可以提高竞争力和复原力。在荷兰，这种向可持续发展的转型是由公司和研究机构共同推动的。这种宝贵的知识交流创造了成功的商业案例，随着荷兰农场培训中心（生猪生产）和中荷奶业发展中心的成立，这些成功经验也在中国进行推广。荷兰瓦赫宁根大学与研究中心和中国的大学也在紧密合作。

在遭受非洲猪瘟的重创后，中国正处于重新规划生猪产业的前夕。中国有志于稳步恢复生猪产能，并进一步促进该产业的可持续发展。一个由14家荷兰企业和知识研究机构组成的联盟已开始致力于为中国的养猪业开发一种创新、负责任和动物友好型的增长模式。第一项成果就是在河北安平建设荷兰生猪科研技术培训中心（RTTC），荷兰的生猪养殖知识和专业技术将被用来为中国养猪业的从业者更好地饲养生猪创造更好的生活条件。

该联盟利用这个最先进的培训中心来帮助引导中国未来采用更多可持续的生产方法和设备。例如，通过使用接近能源中和的通风系统来减少能源消耗，以及通过使用生物空气清洗装置来减少排放。

中荷在乳业方面也有着强力的合作。2013年11月，由中国农业大学、荷兰瓦赫宁根大学与研究中心、荷兰皇家菲仕兰公司在北京发起成立中荷奶业发展中心（SDDDC）。此后，又有10个来自荷中两国的合作伙伴加入该中心。该中心旨在提高中国乳业全产业链的乳品生产、安全和质量水平，其中包括减少奶牛场的污染物排放。例如，通过粪便分离处理来关闭养分循环，以及改进饲养方法来减少奶牛的氨气排放。

荷兰的温室园艺部门还与荷兰设施农业联盟（中国）合作，在大都市附近开发和建设全配套的、可持续的高科技温室园艺农业园。根据荷兰的经验，在温室中可以利用昆虫和微生物的天敌替代杀虫剂来防治害虫和植物病害。荷兰的企业和研究机构已经运用知识来减少园艺业中的农药排放，并为减少农药使用、保护水土作出贡献。

荷兰支持中国在环境友好型农业发展方面作出努力，从而提高资源利用率，促进水土保持。荷兰农业以高质量和高效利用资源而闻名，荷兰农业食品部门正与中国同行合作，在中国发展更可持续的食品体系。

五、水资源管理、环境与交通运输领域的合作

中荷在水资源管理、环境和交通领域有着长期的合作关系。在瞬息万变的世界中，中国发挥着举足轻重的作用，而这些领域的合作能够促进两国相互学习、共同发展，从而实现共同进步。例如，十多年前，荷兰基础设施和水资源管理部与中国水利部就开始本着具体的、以问题为导向的精神开展合作、相互学习。荷中两国未来的合作将从传统的水资源管理相关领域转移到对气候适应的综合应对。

2021年1月，在由荷兰主办的气候适应峰会上，中国强调减缓与适应对应对气候变化同样重要，并强调了全球适应气候变化的重要性。此外，中国还表示，已经制定《国家适应气候变化战略2035》①，以全面提高气候风险抵御能力。该战略强调适应与综合治理在中国城市规划和水资源管理中的重要性。通过深化政策与知识交流，中荷两国在该领域的合作将进一步加强。在环境合作方面，荷兰是中国环境与发展国际合作委员会成员。随着环境

---

① 该战略在2022年2月18日由中国生态环境部通过。——译者注

问题日益尖锐，该委员会在向中国政府建言方面将发挥越来越重要的作用。

在交通运输领域，有望促进可持续发展、减少污染物排放的变化正在迅速发生。船舶新能源技术、城市货运车辆污染物零排放、零碳港口和铁路货运只是其中几个重要的议题，需要通过双边和多边合作来加速改革进程。

六、科技合作

作为最重要的科学国度之一，荷兰所有的大学都位列泰晤士高等教育世界大学排名前200强，荷兰也一直位列经济合作与发展组织最具创新性国家名单的前5名。荷兰之所以能取得如此成就，一个重要原因是工业界、学术界和高等教育机构之间的联系非常密切，并对合作持开放态度。在单篇论文引用次数上，荷兰排在世界第4位，这表明了我国科学成果的整体质量。另一个原因是，荷兰对科学和创新国际合作非常开放。

多年来，中荷两国的科技合作得到强劲发展。如今，荷兰所有研究型大学及许多应用科学大学都在与中国同行合作，合作内容包括联合博士培养项目、访问学者项目以及全面的联合研究项目等。在荷兰的大学校园里，大约有5000名中国本科生和硕士生以及500名博士生。

以下是一些中荷科技合作的案例：

中欧信息、自动化与应用数学联合实验室（LIAMA），由荷兰国家数学与计算机科学研究中心（CWI，阿姆斯特丹）、中国科学院自动化研究所和法国国家信息与自动化研究所开展合作。该联合实验室成立于1997年，致力于在应用数学相关领域开展联合研究项目，其研究重点是可信计算、多模态传感和场景理解、地球和生命科学计算模型。在两国政府的支持下，该实验室已经在这些领域开展十几个联合研究项目。

中荷半导体博士生暑期学校，会集了两国半导体领域最优秀的40名博士生，由经验最为丰富的教授和研究人员开展为期一周的讲座。除了学术交流，这也是促进人与人之间关系的绝佳机会。

荷兰科学研究委员会与中国科学院设立了一个共同资助项目，支持垂直农业研究。目前已有两个大型项目获批在未来4年内获得资助。在这个项目中，来自两国的研究人员和行业伙伴将共同应对能效、作物科学和预测模型等方面的挑战。

七、展望未来

荷兰在《联合国气候变化框架公约》缔约方大会第26次会议上的优先关注事项是绿色金融资金流、清洁能源、适应性与复原力、基于自然的解决方案和清洁公路运输。在我们清洁能源优先的框架下，以下几点相关度最高。

我们在"助力淘汰煤炭联盟"（PPCA）中积极推动逐步淘汰世界能源结构中的煤炭使用和国际煤炭融资。我们希望看到中国也欢迎和接纳这一抱负并加入该联盟。

荷兰还积极开展关于碳捕获、利用和储存（CCUS）的研究。对于相关研究的进一步部署，我们可以分享鹿特丹港二氧化碳运输枢纽和海上储存项目Porthos的经验，这是第一个大型碳捕集与封存（CCS）工业集群。

2021年4月15日，荷兰和芬兰两国联合主办世界循环经济论坛，会议讨论了循环经济转型对实现巴黎气候目标的关键作用。通过无废设计、避免污染和尽可能提高材料的使用时长，有望减少约20%的排放量。为实现气候中和，我们应该超越仅仅提高能效的做法，全球集体向循环经济转型。

对于联合国《生物多样性公约》第15次缔约方大会，荷兰希望能够尽快恢复谈判，以便我们能够在昆明2021年大会上通过2020年后全球生物多样性框架。我国正在与欧盟其他成员国一道为此努力。

荷兰希望新的框架能将重点放在推动国际贸易可持续发展和金融部门的作用上。除了成本价格、食品安全和粮食安全，也需要更多地考虑贸易和工业对生物多样性的影响。

我们随时准备建立新型中荷绿色伙伴关系，以应对两国面临的共同挑战。

芬兰的优质教育密码
——芬中合作新机遇

肃海岚

　　肃海岚，2017年9月至2021年9月担任芬兰驻华大使，1964年生于图尔库，获瓦萨大学经济学硕士学位，1990年进入芬兰外交部工作，曾担任芬兰驻沙特阿拉伯大使，也曾任职于芬兰驻柏林、华盛顿特区、拉马拉、特拉维夫和雅加达的外交使团，赴北京就任前担任芬兰外交部非洲和中东司司长。

一、芬兰与中国——70年的外交关系

芬兰和中国有着深厚的传统友谊。芬兰是最早承认新中国的西方国家之一，1950年10月28日，两国正式建交。2020年，我们庆祝了两国建交70周年。

在建交后的几十年里，中芬两国都取得了重大发展和成功。中国在政治和经济上已跻身世界大国的行列。芬兰已经成为一个现代西方福利国家。此外，芬兰在中国以高水平的教育而闻名，芬兰还在2020年连续第三次被评为世界上最幸福的国家。

这些发展为两国间的互动奠定了坚实基础，两国关系一直是互利共赢的，彼此都很满意。我们珍视两国间的友谊，并希望能够进一步开展合作。芬兰和中国在面积和人口上差异巨大，但两国在许多方面存在互补，这为两国关系带来了生命力。

两国一直积极互动。2017年，习近平主席对芬兰进行国事访问，两国同意建立面向未来的新型合作伙伴关系，这让双边关系更进一步。2019年1月，芬兰总统绍利·尼尼斯托（Sauli Niinisto）对中国进行国事访问，双方同意制订《关于推进中芬面向未来的新型合作伙伴关系的联合工作计划（2019—2023）》。中芬面向未来的新型合作伙伴关系是中欧全面战略伙伴关系的有益补充。

经贸合作在芬中关系中一直发挥着重要作用。1953年，芬兰成为第一个与中国签订双边贸易协定的西方国家。如今，除了货物贸易，两国的合作范围已拓展到服务贸易、投资、教育、研发等领域。今天，已有近400家芬兰公司在中国注册。近年来，在新冠疫情暴发之前，越来越多的中国游客到美丽的芬兰旅游。

今天，教育是芬中双边合作不可或缺的一部分。与其他许多领域一样，两国在教育合作上的势头也越发强劲。芬兰愿意同中国分享发展教育体系的经验教训，包括教师培训、职业教育和培训（VET）、早期儿童教育和护理、游戏化学习和其他数字化学习环境、教育咨询和物理学习环境等。为了满足对芬兰知识和专业技术的需求，商业性的教育合作也涌现出来。从教育机构到私营企业，许多芬兰参与者都在与中国伙伴合作。为了更好地了解芬中教育合作，最好对芬兰及其教育系统的基本情况进行了解。

二、芬兰的教育事业追求

芬兰是一个笃信教育的国家。即使在今天，全国也存在一个广泛共识：芬兰人民的福祉现在和将来都是建立在知识和专业技术之上的。芬兰政府制定了雄心勃勃的2025愿景：让芬兰成为一个人人都想终身学习的国家。

要想了解芬兰的未来，必须了解它的起源。在独立100多年后，芬兰已从一个贫穷的农业国家转变为一个繁荣、安全和高度发达的国家。如今，芬兰是世界上最稳定的国家。我们相信，教育是芬兰取得成功的最重要原因之一，而且教育也将继续决定芬兰的未来。

再说一遍我们是如何发展到这一步的。我想强调的是，清晰的愿景、长期视角和基于循证研究的战略至关重要。与其他国家相比，芬兰的成功部分归功于我们在教育趋势上的远见、以发展为导向的评估和研究、对新思想的开放态度以及与利益相关者（研究人员、教师、家长和教育专家）共同制定改革方案。听取所有利益相关者的不同意见是非常重要的，而这正是芬兰的决策者们几十年来一直在做的事情。

芬兰教育的基本原则是公平。不论性别、出身、社会地位或财富如何，所有人都平等地享有获得高质量教育和培训的机会，这是一项根本性原则，我们也将不遗余力地确保今后继续保持教育公平。另一个重要方面是，无论学校的规模或位置如何，芬兰各地的教育质量都是一样的。学生们的学习内容几乎没有差别，几乎所有学生都能在规定时间内完成综合学校的学业。

（一）从ABC开始

芬兰教育的发展有着深刻的历史根源，与我们的民族觉醒和宗教信仰有关。识字在芬兰国教路德教中有着关键作用，因为基督徒应该能够用自己的母语阅读《圣经》，这样他们就能直接接触《圣经》原文，而非只能听传教士的布道。这些价值观始终伴随着芬兰人，直到如今这个更加世俗化的时代。米卡埃尔·阿格里科拉（Mikael Agricola）主教曾师从马丁·路德（Martin Luther），并于1548年将《新约》译成芬兰语。阿格里科拉的一本名为Abckiria（又称为"ABC书"）的初级读物，被认为是第一部芬兰语文学作品。芬兰的第一批学校是由中世纪的教会建立的，教育工作在19世纪50年代之前一直由教会负责。在13世纪，图尔库镇有一所为有志成为牧师的男孩设立的神学院，后来第一所文法学校于1630年在图尔库成立，第一所大学于1640年成立。

芬兰的识字率在18世纪末达到50%以上，到了19世纪中叶，达到80%—90%。在没有学校的市郊地区，由流动学校教授阅读。在教堂举行的坚振礼① 是一种成人礼，只允许识字的人参加，

---

① 又译作坚信礼，天主教和东正教"圣事"的一种。——译者注

只有行礼后才有结婚的资格。自1880年以来的官方统计数据显示，当时的识字率为97.6%。

芬兰在瑞典统治时期的早期教育体系采用的是瑞典语。早期教育体系包括初等教育，即教授阅读和写作，由初级学校教授语法、拉丁语、希腊语、修辞学和辩证法。自那以后，一小部分人可以进入文科中学，为进入大学做准备。19世纪中期，芬兰语成为官方语言，并逐渐取代瑞典语成为学校教育中使用的语言。1898年，每个人都获得了上学的权利。1911年，入学率达到50%。1917年，芬兰宣布独立。1921年，入学成为强制性义务。当时，市政当局有义务提供学校教育。1948年，开始提供免费校园午餐。

（二）为未来做好准备

1972—1977年，本着为所有人提供良好教育的基本认知，芬兰实施了一项重大教育改革。虽然此后芬兰的教育体系经历多次改革，但这一时期为其奠定了坚实基础。如今，芬兰的教育体系包括幼儿保育和教育、学前教育、基础教育、普通高中教育、职业教育、高等教育和成人教育。今天，我们越来越多地谈到终身学习或继续教育，每个级别的教育都在帮助我们为未来做好准备。

芬兰通过立法指导全面教育。芬兰设有国家课程基准和地方课程，教师可以根据国家和地方课程大纲自主制订教学计划。例如，近期以来，课程已涵盖几个科目的交叉议题，调查日常现象以及信息和通信技术。孩子们在最初的6年里通常由同一个老师教导。这样老师可以深入了解学生、制定适合他们需求的课程。此阶段的一个重要教学目标是让学生学会独立思考和对自己的学习负责。

义务教育包括6岁儿童的一年学前教育和7—16岁儿童的9年基础教育。最新的教育改革于2021年生效，义务教育年龄上限提高到18岁、范围扩大到高中阶段。高中教育包括为期3年的普通教育或职业教育和培训，可分别获得大学入学考试或职业培训资格。

学前教育、综合教育和高中教育是免费的，高等教育大部分是免费的。如前所述，政府的目标是保证，无论家庭收入情况如何，每个人都能够享有接受高质量教育的平等机会，孩子长大后都能成为积极的公民。

芬兰综合学校体系的精神是不让任何一个孩子掉队。更多的资源将提供给需要额外帮助、补习、第二语言（芬兰语/瑞典语）学习、其他母语学习的儿童。学校还提供健康和咨询服务。

（三）教师是教育的基石

教师是所有学校或教育系统的基石。训练有素、能力出众的教师是芬兰教育体系的重要组成部分。例如，所有综合学校的教师都拥有相关硕士学位，并接受过教学培训。一至六年级的教师专攻教育学，而七至九年级的教师专攻自己所教授的科目。

在芬兰，教师是一种受人尊敬的职业，教师教育对学生来说是一个有吸引力的选择。只有最优秀的申请人才能入选。在某些情况下，只有不到10%的申请人被录取，这使得成为一名教师比成为一名医生更难。作为有价值的专家，教师在工作中拥有相当大的自主权，并有充足的动力不断发展自己的技能。此外，对他们来说，毕业并不代表学习的结束。

芬兰的学校非常注重提高学生的学习积极性，而这正是终身学习理念的核心。学校教育关系到工作，当然需要努力，但我们为什么不尝试寻找新的方法来增加学习的乐趣呢？

芬兰的教育体系中有一套整体方法来增进儿童福祉，而学习是核心。尽管上课时间相对较短，儿童教育还是取得了良好的效果。孩子们课间可在室外适当休息15分钟，作业量小，享有营养午餐，学费也不高。这样做的目的是最大限度地激发每个学生的潜力。所有学生都可以获得免费的学习材料、校餐和医疗保健，以及指导和咨询服务。

芬兰的教育体系还很灵活，人们不必一条道走到黑：学习者总是可以在多个方向上继续学习。成人教育也非常受欢迎，提供从综合教育到高等教育的多种选择。

有必要说明的是，芬兰在教育领域取得的成就并非一蹴而就。经过几十年的努力，历经多次改革，芬兰的教育体系才发展到现在的水平。芬兰政府与利益攸关方广泛合作，系统地推进了教育改革。

（四）当前趋势：职业教育和培训

社会整体的快速变化给教育体系带来与时俱进的巨大压力。在通往全球化、数字化和自动化的道路上，世界各国面临许多共同挑战。在这种情况下，芬兰人也将不得不进一步推进教育改革。这就要求在教师教育和学校教育方面进行深入改革。鉴于世界正在以越来越快的速度发展，学校的教学方法、学习和思维方式也必须应时而变。

近来，我们对职业教育和培训系统进行了改革，以满足未来不断变化的劳动力市场需求。未来几十年内，许多传统职业预计将被全新的职业彻底取代。

在芬兰，职业教育和培训不是第二选择，但正逐渐变得越来越有吸引力。如今，几乎一半毕业生会选择接受职业教育和培训。主要原因是，所有的职业教育和培训课程中都包括了在职学习，为学生提供进行个人学习和提升自身能力的机会。此外，如果学生有足够的动力，依然可以选择接受高等教育。

芬兰接受职业教育和培训的学生对自己的学业感到自豪。最近的调查显示，与接受其他形式教育的学生相比，接受职业教育和培训的学生在学校里感到更快乐。职业资格不再由课程的学习时间长短来定义，而是只根据学生的表现来定义。芬兰的目标是建立一个灵活的职业教育体系，尽可能以最好的方式来满足（人的）职业生涯所需，进而提高终身学习的能力。

雇主、工人和工会代表多年来一直非常密切地参与职业教育和培训计划的制订。他们在国家和地区以及学校层面都发挥了积极作用。

事实上，职业教育和培训与企业的密切合作使企业可以影响职业教育和培训内容，确保他们自己的员工在需要时有机会接受充分的再培训。

（五）教育成就来之不易

尽管芬兰的教育体系取得了诸多成就，但也并非没有挑战和悬而未决的问题。在芬兰，发展教育也是一项令人困惑的任务。在全球许多国家，科学、技术、工程和数学等学科和相关课程项目的受欢迎程度都在下降，芬兰也不例外。为了保持创新性和与时俱进的能力，芬兰需要提高这些学科的吸引力。芬兰专家目前正在努力寻找方法，以鼓励年轻人，尤其是女孩从事科技类的职业。

同时，基础教育阶段男孩和女孩的成绩差距也是一段时间以来人们讨论的话题。芬兰女孩在学校的表现非常好，但男孩的成绩没有那么高。男孩们似乎对阅读和学习不太感兴趣，他们也更有可能辍学。我们正在研究这一问题的深层次原因，以便找到解决办法。在一个与无谓的性别观念陈规作斗争的社会中，这并不容易。针对女孩和男孩的学习需求差异，需要用正念和敏感度来解释这一现象并最终纠正它。如果我们不解决这种问题，我们就不能声称我们已经从过去只允许男孩上学的历程中吸取教训。

三、中芬教育合作——探寻共同点

如今，芬兰拥有世界上最好的教育体系之一。具备职业自由、弹性和革新能力是芬兰教育体系的总体特征。未来几年，芬兰将拥有最鼓舞人心的学习和教育环境，这将是一个有趣的旅程。如前所述，我们愿意分享经验和开展合作。

中芬在教育方面有着共同的改革导向。同时，对两国而言，教育是一种具有内在价值的公共产品。我们的教育制度都受到许多经过深思熟虑的规则和法规的指导，但我们可以通过合作来探索和寻找共同点。我们相信，两国在诸多领域拥有合作空间，如学前教育、教师培训、职业教育和培训改革以及学术交流等。只是这种共同点有多广泛还需要两国共同探讨。

学前教育在促进儿童的福祉、学习和平等方面发挥着重要作用。研究表明，学前教育可以防止儿童出现学习困难，并平衡儿童发展和社会经济背景的差异。芬兰模式以"教育关怀原则"为基础，将教育、教学、学习和照顾融为一体。这是引导孩子爱上学习的起点，因而必须以儿童自己的方式来建立。快乐的孩子会学得更好。中国对芬兰学前教育的教学模式相当感兴趣，一些幼儿园已经采用类似的模式，但我们可以做更多工作。

机会平等和一流的教师培训是芬兰综合教育的基石。动力十足的教师教学成果更为显著。一段时间以来，芬兰高等教育机构已经为中国的合作院校提供教师培训计划。许多中芬姐妹学校定期分享学习和教学经验，学生团体也进行互访。

如今，世界各国越来越重视职业教育和培训。众所周知，随着社会的不断发展、数字化程度的不断加深，各个层面都急需高技能劳动力。数年前，芬兰开展了职业教育和培训改革，而中国现在也在经历类似进程。芬兰在使职业教育和培训成为许多年轻人的首选方面取得了长足的进步。因此，职业教育和培训合作或将成为芬兰与中国双边合作的又一个成功案例。世界的联系越来越紧密，全球学习也应成为职业教育和培训中不可或缺的一部分。

从学生和学术人员流动到研究合作，中芬高等教育机构建立了诸多联系。正如芬兰教育体系的发展显示的那样，我们的成功建立在基于研究的知识之上。科学研究通过推动知识进步造福人民和社会。人才的开放性和流动性是实现学术卓越的最佳保障，为我们解决挑战（无论大小）增添了希望。

高水平的文明和对一切事物的好奇心是一个社会蓬勃发展的前提。这就是我们芬兰人的信念。教育课程绝不能仅仅为了满足当前的经济需求，而是需要不断地探索、构建知识和创新。芬兰将继续探索科学、文化和知识共享——无论这一信念会指引我们走向何方。我们诚邀中国和世界各地的朋友加入我们的行列。

哥伦比亚与中国面临的挑战与机遇

路易斯·迭戈·蒙萨尔韦

　　路易斯·迭戈·蒙萨尔韦，2019年3月至2022年5月担任哥伦比亚驻华大使，出生于哥伦比亚麦德林，在玻利瓦尔大学学习法律，在行政、金融和技术大学学习工商管理，并在哈佛大学肯尼迪学院学习公共管理，2000—2019年任New Stetic（该公司是全球范围内牙科和医药产品的生产商和贸易商）首席执行官，曾担任坦帕航空公司副总裁、哥伦比亚铁路公司总裁和麦德林议会成员（公开选举产生），在不同行业的多家公司担任股东和董事会成员。

1980年2月7日，哥伦比亚和中国建交。40多年来，两国政治、经济、合作关系不断发展，现在正值顶峰，这凸显了两国深厚而长久的友谊。从一开始，无论面临何种危机，两国都表示愿意继续深化双边关系、共创繁荣未来。

不可否认的是，在思考人类、人类历史、国家的概念以及基于共同目标、规则和多边主义的国际体系的开端时，我们必须承认，在默认情况下，变化、挑战和机遇一直是发展的动力。在这一背景下，当代和近代历史中，人类多次面临巨大挑战，如经济大萧条、一战、二战和如今的新冠疫情，每一次挑战都加强了各国之间的联系。面对当前复杂的世界形势，我们都想知道后疫情时代的世界将会变得如何。正如一些专家所说，新冠病毒引发的不只是一场巨大的健康危机，它还将不可避免地导致全球经济秩序的重构。面对这种前所未有的变局，传统的社会运行方式也将发生巨大改变。新冠疫情对世界造成的挑战是方方面面的。各国政府为抑制病毒传播而采取的所有政策都对贸易、社交、教育、文化等产生了空前影响。

然而，当我们重新思考全球地缘政治及其对社会的影响时，我们可以自信地说，我们正走在正确的道路上。当然，历史已经告诉我们，人类正经历坎坷。然而，作为人类，我们一次又一次地展示了我们的韧性。就中哥关系而言，前景一片光明。

一、牢固政治关系的基础

政治交流和高层互访一直是中哥两国关系发展的支柱，两国领导人借此分享立场并商定在不同领域的合作方式。2020年11月20日，中国外交部副部长郑泽光同哥伦比亚外交部副外交部长埃切维里（D. Echeverri）通过视频举行中哥外交部第十次政治磋商，这种机制让双方可以落实承诺并商定新战略。

许多中方领导人曾出访哥伦比亚，包括时任外交部长王毅（2016 年）以及其他不同部委的部长，还有全国人大常委会委员长张德江（2014 年）、国务院总理李克强（2015 年）、时任国家副主席习近平（2009 年）。而哥伦比亚的地方官员、部长、政党领袖、国会议员和副总统等也对中国进行了多次正式访问。在最高级别领导人访华上，哥伦比亚有五位总统对中国进行过国事访问，包括埃内斯托·桑佩尔（Ernesto Samper，1996 年）、安德烈斯·帕斯特拉纳（Andrés Pastrana，1999 年）、阿尔瓦罗·乌里韦（Álvaro Uribe，2005 年）、胡安·曼努埃尔·桑托斯（Juan Manuel Santos，2012 年）和伊万·杜克（Iván Duque，2019 年）。

2019 年 7 月，杜克总统对中国进行国事访问，这是他就任总统后的首次亚洲之行，他到访了北京和上海。他此行只访问了中国，而此时距他就职还不满一年，这被认为是两国关系史上的里程碑。访问期间，两国领导人就未来几年的全面合作战略达成一致，在运输、电子商务、司法、农业、教育和技术领域签署了多项协议。

在双边互访方面，我们仍面临一些挑战，因而双方必须继续努力，制定一个一贯的战略，以使双方领导人开展更多定期互访。本着这一精神，我国总统邀请习近平主席对我国进行国事访问，这将是双边关系史上最高级别的访问，我们希望习主席能够在下次拉美之行期间访问我国。当然，新冠疫情影响了世界各国人民的自由出行，在这种情况下，外交出行同样受到影响。然而，我们希望在由于新冠疫情而实施的飞行和人口流动限制解除后，我们的副总统、商业部长、农业部长和科技部长等可以对中国进行几次技术访问，这将有助于促进两国在特定领域的合作。

最后，我们正在努力落实两国领导人在2019年商定的将"一带一路"倡议和"哥伦比亚—中国倡议"对接。基本上，这将是未来几年（双方合作）的蓝图，包括深化双边关系和建立战略联盟的具体而富有雄心的目标。

二、商业和文化领域的多元交流

毫无疑问，哥伦比亚和中国都是充满多样性的国家，两国的领土和国内地区都存在许多差异。因此，两国地方当局正在加强合作与政治交流，如建立友好城市，制定贸易和投资、政治对话以及创造文化和教育合作机会领域的共同议程。在这个框架内，两国许多地方都达成了协议和开展了交流，如大西洋省—江苏（2001年）、巴兰基亚—南京（2001年）、波哥大—广州（2016年）、伊瓦格—成都（2017年）、内瓦—西安（2018年）、苏克雷—海南（2019年）、波哥大—成都（2019年）。哥伦比亚驻华大使馆一直与哥伦比亚地方当局通过视频会议来确定合作机遇与方法。此外，驻华大使一直在开展一项积极的议程，已访问20多个中国省份，旨在进一步了解各个省份和促进交流，发现合作领域。在双边关系成果上，中国已经设立面向哥伦比亚学生的专项奖学金，最近安蒂奥基亚省和福建省签署了建立友好关系的结好意向书。这无疑是在变局下处理中哥关系的一种新方法，地方当局被赋予更多的权力来促进人民之间的交流和接触，这强调了相互理解的重要性。

在贸易问题上，两国已签署一系列协议，如1981年签署的

《中哥两国政府贸易协定》[①]，根据协定成立了贸易和投资联合委员会，该委员会已经举行8次会议，最后一次是在2012年。预计两国将恢复这一机制，并从今年（2021年）开始定期举行新的会议，提出促进商业交流的新任务。1985年签署的《中哥两国政府经济合作协定》确立了为分配具有战略意义的资源和项目而定期签署的所有经济合作协定。2005年签署的《中国政府和哥伦比亚政府关于植物检疫协定》及《中国政府和哥伦比亚政府动物检疫协定》，旨在促进两国卫生当局的合作与沟通；两国双边投资协定于2012年生效。2019年，杜克总统访华期间，两国签署《中国海关总署与哥伦比亚农业和农村发展部关于哥伦比亚鲜食鳄梨输华植物检疫要求的议定书》，允许哥对华出口鳄梨；同时签署的《中国商务部和哥伦比亚贸易、工业和旅游部关于电子商务合作的谅解备忘录》，鼓励两国在该领域开展交流，利用中国的电商发展机遇，在各个平台上推广哥伦比亚产品。

中国目前已成为哥伦比亚进口和出口的第二大贸易伙伴。2019年，双边贸易额超过155亿美元。哥伦比亚对华出口额从1991年的约1700万美元增长到2019年的45亿美元，增长268倍多。在此期间，哥伦比亚从中国的进口额从1991年的800万美元增长到2019年的约110亿美元，增长1375倍。遗憾的是，去年（2020年）双边进出口额分别只有103亿美元和27亿美元。尽管出现下滑，我们主要关注的非采矿产品的出口额仍然增长31%。尽管双边贸易进展明显，但我们双方都意识到，必须通过扩大哥伦比亚的出口来减少贸易逆差，这可以通过确保哥中经济的互补性来实现。此外，哥伦比亚的目标是增加出口，主要是非采矿产

---

① 全称为《中华人民共和国政府和哥伦比亚共和国政府贸易协定》，1981年7月17日于北京签署。——译者注

品的出口，并多元化出口结构，改变超过80%的产品是石油及其衍生品的现状。

从这个意义上说，一些政府部门，主要是出口、旅游和投资促进局正在制定战略以扩大哥伦比亚产品在中国市场上的份额，推动出口数量和贸易额的增长。在这些趋势的推动下，2019年，哥伦比亚贸易、工业和旅游部副部长劳拉·巴尔迪维索（Laura Valdivieso），贸易投资旅游局局长弗拉维亚·桑托罗（Flavia Santoro）率代表团参加世界上最大的进口博览会——中国国际进口博览会。这是哥伦比亚首次参加该博览会。在第二届中国国际进口博览会上哥伦比亚有数个展区：1个国家馆，哥伦比亚贸易投资旅游局和哥伦比亚中国工商投资商会组织9家哥伦比亚农产品加工企业参展；2个展区在国际贸易中心展台，4家农产品加工企业和3家服务业企业参展；2个展区展示了哥伦比亚的翡翠珠宝产品。去年（2020年），在第三届中国国际进口博览会期间，在贸易投资旅游局和哥伦比亚中国工商投资商会的组织下，7家哥伦比亚企业亮相食品及农产品展区，产品主要是咖啡、可可、猪肉和水果。

时装业是我们出口产品多元化工作内容涉及的一部分，这一行业提供的是具有创意、设计独特的高质量产品，因而被认为潜力巨大。一些主要的哥伦比亚奢侈服装已经在中国电商平台和精品店销售，在中国最著名的海滨旅游城市三亚还设有一家泳装实体店。为了促进时装业对华出口，哥伦比亚贸易投资旅游局安排了23家企业参加2020年5月举办的中国国际时装周，还安排了13家企业参加2020年9月举办的北京时装周。

尽管新冠疫情对供应链和物流造成了严重影响，但哥伦比亚计划扩大农产品的出口（目前仅占出口总额的3.5%）。哥伦比亚将专注于生产高质量产品，增加咖啡（生咖啡/咖啡豆和烘焙咖啡）、鲜花和干花、巧克力、香蕉和鳄梨的出口量，同时为柠檬、百香果、芒果和菠萝等热带水果以及牛肉和猪肉等产品开辟市场。此外，我们还要为酒精饮料（朗姆酒）、健康饮品、高级定制服装、泳装和限量版服装打开销路。为实现这些目标，我们将重点促进两国卫生当局之间的联系，参与各种活动、博览会和研讨会。

两国克服了地理距离、语言和法律差异等障碍，在哥伦比亚进出口贸易方面取得了无可辩驳的成就。然而，双方仍有一些重要问题需要解决：我们必须减少现有的约70亿美元的贸易逆差；我们必须使出口产品多元化（目前大约90%是石油和矿产），消除非关税壁垒，加快准入进程；我们还必须制定共同战略，增加力度联合在中国推广哥伦比亚产品，为进入电商等新渠道提供便利。

哥中签署了双边投资协定来促进投资流动。在哥伦比亚落户的中国企业数量稳步增长，如今已有80多家企业，覆盖基础设施、技术、汽车、可再生能源、石油和天然气、采矿等不同行业。过去两年，中国在哥伦比亚的投资取得了非凡的成就。中国企业中标哥伦比亚最重要的一些基础设施项目，包括：波哥大地铁项目，这是拉丁美洲同类项目中最大的一个；波哥大城郊有轨电车项目；几个可再生能源项目，其中一些已投入运营；采矿项目；水处理设施项目；医院项目等。哥伦比亚希望能吸引更多中国投资，因而哥伦比亚驻华大使馆与哥伦比亚贸易投资旅游局一同创建了一个名为"与大使喝咖啡"的活动，定期介绍合作机遇和规划中的新项目。

在最近发布的一份分析报告中，联合国贸易和发展会议修订了其关于新冠疫情对外国直接投资和全球供应链潜在影响的预测。最新预测估计全球对外直接投资面临下行压力，这当然也会影响中哥关系，主要体现在创造新机遇方面。然而，哥伦比亚的提议主要基于大型投资项目，从这个意义上讲，我们正在促进和扩大中国公司的利益，同时举办一些活动来帮助它们更好地了解项目要求和实施程序。为了应对这些新挑战，哥伦比亚举办的研讨会等活动都是在线上进行的。

新冠疫情过后，全球经济无疑将呈现出另一种形态，包括投资者将如何看待弹性和风险。根据一些企业家和学者的说法，一些企业，尤其是制造业企业，将重新考虑选址，寻求区域化或本地化生产和供应链，以降低风险。企业将不得不优先考虑供应链的弹性，而非当前所关注的效率。因此，考虑到我们的区位优势，以及企业需要通过调整生产来确保持续供给消费者，我们在对外直接投资方面与中国还有可探讨的合作机会。哥伦比亚位于美洲中部，具有战略优势，使我们能够成为区域出口平台。

尽管新冠疫情导致全球经济萎缩，但哥伦比亚仍是拉丁美洲经济增长预期最好的国家之一。作为拉美地区第四大经济体，我国经济近年来持续增长、充满活力，稳定性得到普遍认可。我们还有一个约5000万人口的市场，其中中产阶级群体不断壮大，具有很高购买力。哥伦比亚政府致力于提高其作为经济增长引擎的竞争力，为此，我们制定了许多激励措施来吸引外国直接投资并且已经取得成效，哥伦比亚已成为本地区第三大外资流入国、世界前30大外资流入国。当我们正式成为经合组织第37个成员国时，世界对哥伦比亚表现出了信心和信任。

这也让中国企业对在哥伦比亚设立机构的兴趣日益增长，它们在哥伦比亚进行生产，在区域市场销售，覆盖技术、建材、服装和医疗设备等行业。中国对哥伦比亚的投资正在增长，而且目前在亚洲主要投资者中排在第一位，但我们渴望在新形势下继续探索新的机遇。目前的主要工作是：继续密切合作，促进投资项目的进展，帮助中国企业更好地了解当地法规、利益和优势；双方共同制定更好的战略，推动知识和技术转让，以满足中国的要求。

旅游业也是一个重要的行业，哥伦比亚正在扩大其服务范围，寻求增加中国游客的数量。目前，通过与百度达成特别协议、与旅行社举行网络研讨会等新的营销策略，中国游客的数量正以每年15%的速度增长，2019年为2.1万人左右。遗憾的是，作为受新冠疫情影响最严重的行业之一，国际旅游业只有在疫情得到有效控制、定期航班恢复之后才能重启。因此，我们需要为我们的战略增加新的因素和价值，不仅要迎合中国游客的需求，也要纳入我们目前关注的重点——生物安全。哥伦比亚采取了强有力的措施来确保旅游景点的安全，就像我们的营销宣传所说的那样：我们准备在地球上最受欢迎的地方接待各国游客。近来，哥伦比亚开发了许多新的独家旅游目的地，让游客得以享受观鸟、参观世界文化遗产、参观卡塔赫纳等主要城市及咖啡轴地区①等的独特体验。

三、双边交流与教育

合作一直是两国建立信任和友谊的最重要工具之一。从这个意义上讲，两国于1981年签署的合作协定和一些针对特定议题的

---

① 哥伦比亚的主要咖啡种植区。——译者注

附属协定为双边各个领域的合作构建了框架。自那时起，两国在农业、排雷、国防、科技、建筑、运输、基础设施等领域展开合作。通过捐赠、授课、举行研讨会、组建联合委员会和互访，两国创建了雄心勃勃的项目来分享最佳做法和发展能力。

在双边合作上，今年（2021年）的互动彰显了两国间的伟大友谊，再次证明不管面临怎样的危机，双方始终致力于互帮互助，证实了"患难见真情"。在新冠疫情期间，两国互赠防疫物资特别是个人防护设备来共克时艰，其中中国中央政府、地方政府和企业向哥伦比亚捐赠的防疫物资价值150万美元。在抗击新冠疫情的斗争中，中哥持续合作，互相交流最有效的防疫手段和防疫知识，提高疫情防控和治疗能力。最近，两国继续合作，哥伦比亚从中国科兴制药公司购买的疫苗于2021年2月运抵本国。这件事对哥伦比亚来说意义重大，因为它不仅践行了我国政府对"全国疫苗接种计划"的承诺，也为我国人民带来了希望。这产生了非常积极的影响，全程得到媒体广泛报道。杜克总统、副总统和中国驻哥伦比亚大使赴机场保税区出席交付仪式，举行联合新闻发布会，向哥方人民通报疫苗成功运抵哥伦比亚以及疫苗分配情况。这是一个重要的标志，表明两国是如何在危机中寻找合作机会，并继续深化联系的。自那时起到文章写作时，我们共收到750万支疫苗。

另一个与加强双边政治理解和合作有关的领域是文化领域。文化创造了更多的个人交流与相互理解的机会，从而能够拉近两国距离。为此，哥中于1981年签署《中国政府和哥伦比亚政府文化协定》，涵盖艺术、音乐和文学等方面的活动。在过去的41年里，两国都开展了代表各自文化的不同活动：舞蹈，如著名的巴兰基亚狂欢节，以及萨尔萨舞和芭蕾舞表演；音乐，从抒情歌手到我们最好的民间音乐家的表演；戏剧，如中国戏曲；电影，举办了几次电影节；文学活动，包括中国诺贝尔文学奖得主莫言访问哥伦比亚，以及与哥伦比亚诺贝尔文学奖得主加夫列尔·加西亚·马尔克斯（Gabriel García Márquez）有关的各种活动；视觉艺术，包括画家和雕塑家费尔南多·博特罗（Fernando Botero）等著名艺术家的展览，以及博物馆展览，如在波哥大黄金博物馆举办的前哥伦布时期黄金制品展和在哥伦比亚国家博物馆举办的兵马俑展。当然，新冠疫情也对该领域造成了影响，但我们继续利用技术创造新机会。最近，我们在网上举办了"狂野萨尔萨"等文化活动，中国的春节联欢晚会也在哥伦比亚电视台向全国播出。

在教育领域，每年都有越来越多的哥伦比亚学生决定到中国留学，也有更多的中国学生到哥伦比亚留学。在1981年签署的协议框架下，两国每三年商定一项包括活动和奖学金在内的执行计划。中国每年通过国家留学基金管理委员会、哥伦比亚海外教育信贷和技术研究院以及中国驻哥伦比亚大使馆为哥伦比亚学生提供奖学金。同样，哥伦比亚也通过哥伦比亚海外教育信贷和技术研究院向中国学生发放奖学金。此处需要指出的是，在2020年的奖学金名额征集期间，300多名哥伦比亚学生对70项奖学金提出了申请，显示了哥伦比亚学生对赴华留学的兴趣。在2021年名额征集期间，尽管新冠疫情仍在持续，仍有60多名哥伦比亚学生申请了30项奖学金。因此，哥伦比亚驻华大使馆正在制定新的战略，以帮助学生从地方政府、大学、企业和其他资助者那里获得更多奖学金。此外，许多大学已经同意开展双边学生交流项目，以促进在多元文化环境中联合学习。然而，疫情防控形势下，学生出国面临诸多限制，这也是中国大学改上网课的原因，因而我们需要开辟新的途径来加强教育合作。

两国也为克服语言障碍付出了巨大努力。哥伦比亚政府通过设立ELE–FOCALAE奖学金等项目，让中国学生和导游可以通过这些项目获得全额奖学金，学习4个月的西班牙语；哥伦比亚海外教育信贷和技术研究院和当地大学的合作项目让中国学生到我国学习西班牙语的同时，还请他们教授汉语和中国文化，为期一学年；我们还派遣西班牙语教师到中国为公职人员做培训。中国在哥伦比亚开设了3所孔子学院，其中两所设在大学，为在校生和其他学生提供课程：安第斯大学孔子学院下设3所中学生孔子课堂①，而且在布卡拉曼加和卡利等二线城市开设教学点；豪尔赫·塔德奥·洛萨诺大学两年来与哥伦比亚负责职业培训的公共机构国家学习服务中心合作，在大西洋省、玻利瓦尔省、卡尔达斯省和金迪奥省推广汉语学习。第3所孔子学院由麦德林市与行政、金融和技术大学共建，在市内开设了9个教学点。新格拉纳达学院还开设有一个孔子课堂。

你会注意到，两国的政治、经济与合作关系充满挑战，多次调整以适应不断变化的世界环境，但同时存在许多合作机会。两国始终在对双方发展至关重要的诸多领域进行密切合作，深化双边真诚可靠的牢固友谊。新冠疫情只是又一个挑战，我们也将本着多边主义与合作的精神，作为人类大家庭的一员，共同战胜这一挑战。无论未来面临什么挑战，哥中两国都必将继续携手共进。

---

① 它们分别为威尔蒙学校孔子课堂、蒙特梭利英语学校孔子课堂和大不列颠王国乡村学校孔子课堂。——译者注

阿尔及利亚和中国的减贫事业

艾哈桑·布哈利法

　　艾哈桑·布哈利法，2016—2021年担任阿尔及利亚驻华大使，1978年毕业于阿尔及利亚国家行政学院，分别于2000—2004年和2010—2014年在国家政治学高级学院担任战略与前景分析、冲突管理与前瞻规划以及宣传与外交政策领域的副教授，在外交事务方面有丰富的经验，1978年在阿尔及利亚外交部开始职业生涯，曾担任阿尔及利亚驻布基纳法索、阿根廷、乌拉圭和巴拉圭大使。

刚到中国，我就被这里减贫行动的规模震撼，我认为这是推动整个中国社会进步的强大引擎。我觉得自己身处一个充满活力的国家，这种活力推动着这个国家不断向前发展。

这个国家每天都在宣告新的成就、重要的科技发现、这个或那个领域的技术进步。简而言之，我们觉得自己生活在一个不同寻常的时代。我们彼此相告，我们强烈地感觉到我们就活在历史中，活在正在被创造的历史中。

当中国政府宣布已经消除绝对贫困时，我们确实见证了一个真正的、非比寻常的奇迹。

截至2020年底，中国剩余未摘帽的52个贫困县和贫困人口多、脱贫难度大的1113个贫困村成功实现脱贫。经过8年持续奋斗，现行标准下近1亿农村贫困人口实现脱贫。

1978年，中国80%的人口生活在贫困的情况下。然而，自那时起，快速的经济增长和有效的脱贫政策相结合，消除了极端贫困。

自1978年改革开放开始，42年来，7亿多中国人摆脱了贫困，完成了全球70%的减贫工作。

过去40多年来，中国在消除贫困方面取得的成就着实令人瞩目。

中国创造了又一个彪炳史册的人间奇迹：在中华民族5000多年的历史上首次整体消除绝对贫困现象，再也没有一个中国人生活在贫困线下。能够亲历如此重大时刻，是绝对珍贵的体验。

这是中国对全球发展议程作出的巨大贡献，提前实现了联合国2030年可持续发展议程设立的减贫目标。

我怀着极大的热情接受了我的朋友全球化智库主任王辉耀博士的邀请，在由中国公共关系协会主办的"中国公共关系发展大会"①上发表演讲《阿中反贫困合作与两国行动的相似之处》。

在此，我将详细阐释我在那次演讲中分享的想法。

我很荣幸有机会作为阿尔及利亚驻华大使，以中国发展的外国观察员身份，分享我对中国减贫经验的看法。

我在这个伟大的国家生活了近5年，其间，我访问了中国的许多地方。

我会毫不犹豫地说，自2016年履职以来，我在驻华期间目睹的最令人惊奇的事情就是中国的发展项目实施速度惊人，中国人民的生活条件得到极大改善。

中国近年来在消除贫困方面取得重大成就，这让中国在2020年底前实现了第一个百年奋斗目标：全面建成小康社会。我很高兴能有机会对此表示祝贺。

鉴于中国在国际舞台上的人口、经济和外交影响力，我完全相信中国脱贫攻坚目标的完成会对世界经济和社会发展产生直接的积极影响。

全球贫困可能是当今世界面临的最大问题。世界各地每天有2.4万名儿童因贫困相关问题而失去生命。消除全球饥饿问题每年需要花费300亿美元。减少贫困不仅是人道主义精神的体现，而且有助于促进一国的经济和战略利益。

中国之所以能在与贫困作斗争方面取得巨大进展，得益于中国领导人围绕明确的政策、资源、实际目标和严格的纪律对全国人民进行了动员。中国消除绝对贫困的经验值得各国借鉴。

改革开放以来，绝大多数中国人摆脱了贫困，中国率先实现联合国千年发展目标。

---

① 此次会议由国务院新闻办公室、国务院扶贫开发领导小组办公室指导，中国公共关系协会主办。——译者注

事实上，消除贫困一直是中国政府的首要施政目标。自改革开放以来，中国始终致力于消除贫困。中国政府根据经济发展情况逐步调整减贫目标，并设立专门机构，推动减贫工作规范化和制度化。

2013年，习近平主席提出"精准扶贫"理念。2014年5月12日，国务院扶贫开发领导小组办公室印发《建立精准扶贫工作机制实施方案》。2016年11月23日，国务院印发《"十三五"脱贫攻坚规划》，作为指导各地脱贫攻坚工作的行动指南，是各有关方面制定相关扶贫专项规划的重要依据。

中国国家统计局数据显示，1978年底中国农村贫困人口数量约7.7亿，2020年底农村绝对贫困人口已全部脱贫。

在2020年3月举行的一场座谈会①和2020年5月举行的第73届世界卫生大会上，习主席强调，到2020年底脱贫攻坚目标完成后，中国将提前10年实现联合国2030年可持续发展议程的减贫目标，世界上没有哪一个国家能在这么短的时间内帮助这么多人脱贫，这对中国和世界来说都具有重大意义。

联合国开发计划署的主要使命是支持联合国2030年可持续发展议程，敦促各国在2030年之前实现联合国可持续发展目标，它对中国过去几十年取得的发展成就表示赞赏。中国取得的一系列成就给世界留下深刻印象，提前10年实现联合国2030年可持续发展议程减贫目标。

联合国开发计划署表示，中国采取了多管齐下的全面减贫战略，这是中国促进人类发展的一个良好范例，也为其他国家树立了学习的榜样。联合国开发计划署官员表示，中国在消除贫困方

---

① 2020年3月6日决战决胜脱贫攻坚座谈会在北京举行。——译者注

面取得的成就在规模和时间上都是前所未有的，各国可以向中国学习如何更加系统化、有组织地推动经济发展，这与联合国千年发展目标相一致。

联合国预测，由于新冠疫情对世界经济尤其是对发展中国家造成的负面影响，各国将很难实现联合国2030年可持续发展议程的减贫目标。例如，尽管非洲国家近年来在促进经济社会可持续发展方面取得积极进展，但非洲大陆距离实现联合国2030年可持续发展议程目标仍有很大差距。世界上大多数贫困人口都生活在撒哈拉以南非洲地区，使得该地区成为全球贫困治理的中心。

除了中国，其他发展中国家的减贫速度相对缓慢，贫困人口的数量甚至还在增加。例如，撒哈拉以南非洲的绝对贫困人口数量从1990年的2.78亿增加到2015年的4.13亿，占世界贫困人口的一半以上。

应该说，一直以来，中国为非洲的减贫和发展事业作出了巨大贡献。中非之间的贸易和投资推动了非洲经济发展，改善了非洲的经济状况，在一定程度上减少了非洲的贫困。在2015年中非合作论坛约翰内斯堡峰会上，中国还宣布实施中非减贫计划。

阿中传统友谊深厚，自1958年建交以来，两国取得富有成效的合作。双方的政治互信、经济伙伴关系和人道主义交流无疑为两国的发展和消除贫困作出了贡献。

在此我就不详细介绍具体的合作行动了，我会讲一些对消除贫困具有直接影响的事件。

1963年，阿尔及利亚接待了新中国第一支援外医疗队，直到今天这支医疗队的成员还在定期轮换，这使大量阿尔及利亚人尤其是欠发达地区的阿尔及利亚人能够获得医疗服务。虽然阿尔及利亚如今已有充足的医生，但作为传统友谊的象征，两国仍延续着这一合作。

双方在科学、技术和航天领域的合作也不断深化，尤其是2017年12月11日，阿尔及利亚第一颗通信卫星（阿星一号）在中国成功发射。这颗卫星是为贫困地区提供互联网和广播电视覆盖服务的重要工具。

中国的企业经营者不断扩大在阿尔及利亚的业务规模，并参与阿尔及利亚的发展计划，尤其是在基础设施领域（公路和住房建设）。过去20年里，中国企业获得超过700亿美元的公共发展项目。

中国企业参与阿尔及利亚的发展项目，对阿方和欠发达地区以及中国企业和工人来说都是互利互惠之举。

消除贫困是所有发展中国家的一项重要使命，一直是阿尔及利亚政府施政的核心。

阿尔及利亚政府为改善各地区人民的生活状况作出了巨大努力，尤其是在住房、城市规划、卫生、教育、就业等领域。

然而，一些村庄和地区的发展仍然严重滞后，缺少水、电、道路设施、医疗保健和互联网，手机覆盖率低，住房保障和就业不足。这些贫困地区被称为"灰色地带"，政府正在努力改善这些地区的现状。

自2019年12月当选以来，发展"灰色地带"始终是阿总统阿卜杜勒马吉德·特本（Abdelmadjid Tebboune）最重要的执政承诺之一。这一承诺旨在确保农村居民和城市居民享有平等机会。

为了实现承诺，总统任命了一名总统特别顾问负责跟进"灰色地带"问题，以及定期向各部长和省长发出指示，通过行政管理的现代化、开放弱势和边缘地区、将工业和农业地区与能源连接起来以及扶持中小型企业以增加就业机会和为国民经济增值，促进地方经济发展。

政府已对生活在"灰色地带"人口的关切和需求进行准确和详细的盘点，以确定优先事项和制定紧急方案，弥补这一地带在发展上的不足。

2021年，政府拨款15亿美元用于实施4.8万个地方发展项目，惠及1.5万个"灰色地带"的900万名居民。

这些项目旨在解决民众的迫切需求，包括提供饮用水和能源、建设对外通道、改善学校教育和交通条件，以及为这些地区开展生产活动创造条件和建立机制。

由于改善"灰色地带"涉及的问题太多，在此我将重点讨论五个方面的问题：水和能源、医疗保健、道路基础设施、就业和互联网覆盖。

第一，水和能源的获取。阿尔及利亚政府坚持将向"灰色地带"供水供电列为发展计划的绝对优先目标。

有些极其偏远的内陆地区既无法通过管道供水，也无法连接到现有电力网络。对此，当局建议使用配备太阳能组件的水罐车保障供水。

此外，政府还强调在"灰色地带"加速推进电气化和天然气供应项目的必要性。阿尔及利亚内政、地方行政和土地整治部已经确定全国有8000多个"灰色地带"的电力和天然气供应不足。政府已经通过一项计划，在2020—2024年为超过14万户家庭接入电力网络，为37万户家庭接入天然气。

第二，获取医疗服务。阿尔及利亚卫生部一直以来都注重对"灰色地带"的卫生需求进行必要的（保障）管理，以确保当地人能够获得所需的卫生服务。

目前，关于这些地区卫生服务的深入研究正在进行，旨在探讨保障这些地区卫生服务的最佳方式，以及调动满足卫生需求所需的人力和物力资源。

此外，政府还定期组织多科室医疗大篷车为"灰色地带"的慢性病患者提供服务。这些大篷车包括内科、心脏病科和眼科流动诊所，以及进行各种生物检查的生物实验室。

同样，医疗卫生部门也为"灰色地带"提供了可再生能源，如太阳能。

第三，道路基础设施建设。阿尔及利亚政府已采取重大措施，通过若干项目开放"灰色地带"，而且这些项目已经开始显现成效。

在过去几个月里，阿尔及利亚政府通过一系列发展方案调动了大量预算拨款，专门用于农村公路、社区道路和林荫小道的开通、开发与维护。

其中相当数量的道路工程现已竣工，从而促进了阿尔及利亚一些地区的开放和经济活动恢复。这些道路项目的实施得益于国内专门从事公共工程建设的公共和私营企业的专业知识。

第四，就业。政府实施了若干方案以推动在"灰色地带"开展经济活动。2020年9月，政府启动一项全国性行动，确定全国各"灰色地带"的机会和需求，为创建微型企业做准备，进而推动国民经济多样化。

比如，政府已采取措施加强旅游业和手工业项目负责人的创新创业精神。

这些措施为旅游业和手工业项目负责人提供支持，让他们可以获得培训，激励他们创立微型企业来促进当地可持续发展，尤其是在南部地区、高原地区和"灰色地带"。

第五，手机和互联网的覆盖。阿尔及利亚邮电部坚持认为国内所有地区必须接入国家网络，因为手机和互联网已成为公民生活中不可或缺的一部分，就像水、电和煤气一样。

手机运营商被要求履行为公民服务的承诺。此外，政府正在与阿尔及利亚航天局协调，努力为偏远地区接入互联网。

我想重申，我愿与阿中专家、学者、智库及其他机构合作，就包括消除贫困在内的公共治理问题展开交流。

新西兰：贸易驱动的经济复苏

傅恩莱

　　傅恩莱，曾担任新西兰驻华大使，兼任驻蒙古国大使，毕业于新西兰坎特伯雷大学，20世纪80年代在北京大学和北京语言学院（现北京语言大学）学习，精通中文，曾担任新西兰亚太地区事务司司长（2011—2014年）、新西兰外交贸易部北亚司司长（2014年）、新西兰驻韩国大使兼驻朝鲜大使（2015—2017年）。

从生活方式到工作方式，新冠疫情对我们所有人都产生了诸多影响。本次疫情对社会和经济造成了巨大影响，但世界各地受影响的程度并不相同——一些国家受到毁灭性的影响。

外交官们习惯了频繁地登上飞机、被派驻到世界各地履行职责，但现在因疫情期间的旅行限制，人与人之间面对面的交流减少了，而这一直是我们工作的重要一部分。在某种程度上，我们可以通过现有的数字工具来缓解当前这种局面。然而，虽然视频会议技术可以使我们保持线上交流，却无法将货物（或人）送往世界各地。

出口对新西兰来说意义重大，新西兰四分之一的就业都依赖于出口。因此，受到新冠疫情冲击后，新西兰始终致力于推动贸易主导的经济复苏。新冠疫情暴发时，新西兰迅速采取行动，保持必要贸易的供应链畅通和与其他国家的互联互通，与各国政府通力合作消除贸易障碍。我们希望保持贸易畅通，以推动我国经济复苏。

这就是我们的贸易复苏战略的目标。制定这一战略是为了帮助新西兰从新冠疫情的影响中恢复过来，并抓住出口和投资新机遇。这一战略包括四大部分内容：重新调整出口支持和便利政策；提升新西兰的战略经济韧性；升级关键贸易关系；重塑国际贸易架构。在本文中，我希望对最后一点进行重点讨论。

一、开放性和连贯性对于增长和
抵御未来危机的重要性

新西兰是自由和开放贸易的坚定支持者。2020年新冠疫情暴发后，保护主义措施的突然激增令人震惊——到2021年3月，

世界贸易组织成员已实施超过450项影响货物贸易、服务贸易和知识产权贸易的新措施。但新西兰选择了开放，因为我们相信，国际合作——而非国家保护主义——才是应对全球挑战的最佳方式。

在新冠疫情传播扩大的同时，我们迅速采取行动，与贸易伙伴密切合作，确保新西兰人能够获得药品和个人防护用品等基本物资，并确保继续向我们的贸易伙伴提供货物。

我们单方面取消了针对必需品的关税，并发出坚定的政治信号，表明我们致力于促进贸易流通、确保供应链畅通。以下为相关案例。

新西兰和新加坡共同起草了部长级联合声明，双方承诺为应对新冠疫情，确保供应链的连续性和稳定性，避免实施出口管制、关税和非关税壁垒，并取消任何针对必需品的贸易限制措施，尤其是医疗用品。该声明得到其他国家的认同，如今已有包括中国在内的12个国家签署。新西兰和新加坡还就应对新冠疫情的必需品贸易共同发起一项声明，旨在确保供应链的连通性、取消对必需品的贸易限制并设立一份必需品清单，包括个人防护设备、医疗设备、营养品、药品和卫生用品，参与者承诺取消对这些商品的关税并促进贸易流通。声明还呼吁签署国不要对食品和饮料实施出口限制并促进食品和饮料贸易。

新西兰与世界贸易组织其他78个成员共同承诺不对世界粮食计划署的活动实施出口限制。

新西兰继续与渥太华集团其他成员合作，推动签署世界贸易组织有关贸易与卫生宣言，以展示国际贸易政策如何有助于成功抗击新冠疫情以及任何未来的大流行病。

新西兰与加拿大、澳大利亚、智利、哥伦比亚、土耳其、挪威、巴拿马和巴拉圭共同发起一项世界贸易组织提案，旨在加强世界贸易组织在全球生产和分配新冠疫苗和医疗产品方面的作用。该提案鼓励世界贸易组织与世界卫生组织、制造商和研发者合作，增加新冠疫苗产量，并查明妨碍疫苗接种和生产能力扩大的贸易相关问题。

二、重建强有力的世界贸易组织

自世界贸易组织成立以来，去年（2020年）是多边贸易体系受到挑战最多的一年。新冠疫情影响了全球贸易流动和开放，世界贸易组织无法有效应对疫情。

世界贸易组织改革是新西兰贸易复苏战略的关键支柱。改革对确保世界贸易组织更有效地维护各成员利益来说至关重要。改革有助于实现更具弹性的复苏，推动各成员通过贸易实现包容性和可持续增长与发展。

世界贸易组织进行改革时，我们需要确保使之成为一个强大、灵活和有弹性的机构，能够承受各种压力，而不是在遇到挑战时只能简单地根据以往经验来制定应对最新危机的对策。

因此，改革需要秉持贸易开放和非歧视的基本原则，并确保世界贸易组织能够履行谈判、监管和争端解决的核心职能。

世界贸易组织需要证明它能够实现进一步开放。当务之急是完成雄心勃勃的渔业补贴规则制定，强调世界贸易组织一直以来的有效谈判机构的角色，并为可持续发展作出贡献。

尽快恢复世界贸易组织上诉机构的全面职能，是确保在实践中保持公开和防范保护主义的根本。

新西兰也是推动世界贸易组织规则现代化的坚定支持者，例如在数字贸易方面。在贸易和气候问题上取得的进展，例如通过化石燃料补贴改革，将确保解决国际贸易问题不会以牺牲环境为代价。

三、开放的诸边主义

新西兰支持多边主义，认为多边主义是应对全球性问题的最有效方式。然而，要让164个世界贸易组织成员就任何问题达成一致，需要很长时间。

与此同时，我们可以通过追求"协调一致的开放的诸边主义"来进一步加强以规则为基础的体系，即先在有意愿的参与者之间达成国际协议，从而更快地采取行动，但在达成协议的同时规定，只要符合初始合作伙伴设定的标准，任何其他世界贸易组织成员都可以加入。以下为案例。

在布宜诺斯艾利斯召开的世界贸易组织第十一届部长级会议期间，与会部长通过《关于投资便利化的联合部长声明》及《电子商务联合声明》等，以完善电子商务和服务业的国内监管规则，促进投资便利化和保障发展。

《全面与进步跨太平洋伙伴关系协定》和《区域全面经济伙伴关系协定》等自由贸易协定具有开放性的加入条款。我们欢迎那些愿意遵守相关协定标准的国家加入。就《全面与进步跨太平洋伙伴关系协定》而言，新西兰是管理该协定的批准、加入事务的受托国。

部门协议，如智利、新加坡和新西兰在2020年6月签署的《数字经济伙伴关系协定》于2021年1月7日在新加坡和新西兰生效。加拿大在2020年底表示有兴趣加入《数字经济伙伴关系协定》。

新西兰正与哥斯达黎加、斐济、冰岛、挪威和瑞士就"气候变化、贸易和可持续发展协定"开展谈判。

开放的诸边主义意味着，要想推动世界贸易组织的行动取得进展，我们可能需要采取更具创造性的方法，同时仍然遵守开放、透明和与世界贸易组织规则相一致的基本原则。

我们已经看到自由贸易协定能够为在多边层面难以取得进展的问题提供可能的解决方案，如《全面与进步跨太平洋伙伴关系协定》已经就渔业补贴制定约束性规则。

自由贸易协定也能够成为连贯性扩展区域规则的基石。例如，《东盟—澳大利亚—新西兰自由贸易协定》为新西兰加入《区域全面经济伙伴关系协定》奠定了基础，而文莱、智利、新加坡和新西兰四国签署的《跨太平洋战略经济伙伴关系协定》为《跨太平洋伙伴关系协定》的谈判以及后续的《全面与进步跨太平洋伙伴关系协定》的签署奠定了基础。接下来，我们希望这些协议通过亚太经济合作组织助力建立亚太自由贸易区。

四、亚太经济合作组织

非约束性的论坛平台，如亚太经济合作组织，也可以作为安全空间发挥重要作用，通过技术交流催生创新理念和实施连贯的区域实践。

新西兰是2021年亚太经济合作组织峰会东道国。本届峰会的一项主要任务是对新冠疫情进行回应，制定一项可持续和包容性的应对措施，使所有人受益。为此，新西兰将努力做到以下方面内容：第一，鼓励支持开放与连通、减少边境摩擦的经贸政策，以便减少贸易壁垒，使企业在亚太经济合作组织区域内开展贸易和经商更加便利；第二，提高女性和原住民等群体对经济活动的参与度，并确保其贡献得到重视；第三，确保经济复苏能够推动气候变化等领域的可持续发展；第四，利用数字空间的创新优势。

新西兰还将努力采取切实措施，支持和推动亚太经济合作组织经济体在世界贸易组织作出努力。这包括监测和帮助各经济体落实世界贸易组织渔业补贴谈判成果；在造成贸易和生产扭曲的补贴问题上取得强有力的世界贸易组织承诺；支持关于联合声明倡议的谈判。作为一个非约束性的论坛平台，亚太经济合作组织非常适合讨论新出现的贸易问题并供世界贸易组织今后审议，包括关于包容性和可持续性的问题，如确定新冠疫情必需品和必需服务清单，商定最新的环境产品清单，制定新的环境服务标准等。

后疫情时代世界经济的复苏依赖于区域和国际贸易合作。作为亚太地区最重要的经贸合作论坛，亚太经济合作组织将在这方面发挥重要作用。亚太经济合作组织的优势始终在于它有能力让人们汇聚一堂，分享经验与想法，测试应对共同面临的经济和人类挑战的实用方案。亚太经济合作组织新西兰峰会的主题就来自这一传统，这一主题用毛利语来讲是"Haumi ē, Hui ē, Tāiki ē"，意思是"共同参与，共同行动，共同增长"。

五、新中双边贸易

中国是新西兰最大的贸易伙伴，我们预计中国将在新西兰的经济复苏中发挥重要作用。在2019年创下纪录后，2020年我们对中国的货物贸易出口仅仅下滑0.5%——这一结果还算乐观。

但并非所有领域的情况都如此乐观。由于新冠疫情对市场造成影响，林业和海产品等行业在疫情早期受到严重冲击。我们的服务贸易出口也大幅下降。

虽然过去一年两国之间的人员流动非常有限，但在供应链受到严重破坏的情况下，保持空运和海运不中断对于保持货物贸易流通来说至关重要。在过去一年里，新西兰官员努力保持两国海空连接的畅通性。这些连通对从中国进口个人防护设备和呼吸设备以帮助新西兰应对新冠疫情，以及在疫情持续影响下保持新西兰对中国的出口业务来说都意义重大。

2021年1月，新西兰与中国签署《自由贸易协定升级议定书》①，这是我国贸易复苏战略的另一方面。2008年签署的双边自由贸易协定加强了两国经贸合作，到升级之前，双边贸易增加两倍多，达到320亿新西兰元。此次升级更新了双边贸易规则，使该协定更加现代化，更加适用于当今的贸易环境。

此次升级的新规则包括：简化出口（手续），降低合规成本；扩大服务贸易市场准入和提高最惠国待遇承诺；中国在所有自由贸易协定中首次承诺的最高规格贸易和环境条款。升级版协定增加了新西兰木材和纸制品在中国的市场准入，并进一步扩大了服务业市场准入。它还提高了中国短期赴新西兰就业自然人配额，更好地满足了中国的需求。

重要的是，升级版协定向世界发出了一个积极的信号，即两国将合作应对新冠疫情带来的挑战。

---

① 全称为《中国政府与新西兰政府关于升级〈中国与新西兰自由贸易协定〉的议定书》，双方于2021年1月26日正式签署，2022年4月7日起正式实施。——译者注

六、结语

对我们大多数人而言，新冠疫情是几十年来社会和经济面临的最大挑战。对新西兰来说，重建经济的关键举措之一是通过各个层面的国际合作以实现贸易驱动的复苏：一个强大、有效的世界贸易组织，能够为维护各国利益而改革多边贸易规则；新的区域贸易协定，任何愿意遵守协定标准的经济体都可以加入；升级重要的双边关系。新西兰的贸易复苏战略旨在取得上述成果，同时为我们的出口企业提供在国际上蓬勃发展所需的工具和知识。这一理念也符合新西兰的价值观以及新西兰对多边主义和基于规则的体系的长期支持"共同参与，共同行动，共同增长"。

国际秩序变化带来的外交挑战

杜傲杰

　　杜傲杰，2017年12月至2022年8月担任葡萄牙驻华大使，兼任驻蒙古国大使，1963年出生于里斯本，毕业于里斯本大学国际关系专业，1990年进入葡萄牙外交部，开始在欧洲事务司工作，1994年担任外交部长顾问，曾担任葡萄牙驻莫桑比克大使和驻塞舌尔、斯威士兰、毛里求斯和坦桑尼亚非常驻大使，还曾担任总统首席顾问。

2020年，联合国秘书长安东尼奥·古特雷斯在纪念"多边主义与外交促进和平国际日"时表示，"仅仅宣扬多边主义的优点远远不够，我们还必须不断展现其附加价值"。

在一个全球化和紧密联系的世界里，他的发言说明我们承担着共同的责任。我们需要的不是空谈，而是行动。这种行动需要着眼于保护这样一种国际秩序：帮助人们摆脱贫困，优先采用对话与合作方式合理地处理和解决争端，并创造工具、设立机制、制定规则来应对气候变化等紧迫的全球性挑战。

外交，通过语言和最重要的行动，在保护和增进这些成果方面发挥着至关重要的作用；最重要的是，人类应对共同挑战需要全球联合行动，外交在推进相应具体措施方面发挥着重要作用。要做到这一点，必须平衡事实与认知，坚定全人类的共同价值观和原则，并维护缔造当前国际体系的规则和规范。

一、事实与认知的重要性

外交政策并不是在真空中实行的，因此不能忽视客观环境的重要性。一个善意的举动可能会被他人认为不怀好意。外交官的主要任务之一是先理解再解释，从而缩小现实与认知之间的差距。无论以何种标准衡量，这都是一项艰巨的任务。国际体系的不断变化无疑让这项任务更具挑战性。

1945年，50个国家共同签署《联合国宪章》。现在，联合国有193个成员国。这种非同寻常的演变只会强化对话、相互理解与合作的重要性。

在分析当今世界时，人们不应忘记，虽然全球化在缩短各国距离和增加连通性方面发挥了巨大作用，但各国之间有时仍存在实质性的差异。这些差异不仅体现在政治文化上，而且体现在经济模式和社会规范上。因此，对所有问题一概而论显然是短视的。意识到现实的复杂性可能很诱人，因为它要求我们对对方有更多了解，但也可能令人畏惧。

因此，当今世界各国面临的主要挑战之一就是需要了解对方，要倾听、观察、理解对方——虽不一定要同意对方，但要能够理解。

如果说这一原则适用于派驻海外的外交官，那么它同样适用于所有希望在当今世界发挥作用的国家。不考虑后果便采取行动，或者不考虑不同观点的存在却期望他人能够充分理解某一行为，最好的情况下也只是获得适得其反的结果或鲁莽行事。这些都不是外交政策的应有之义。

因此，缩小现实与认知之间的差距，确保后者尽可能地接近前者，对所有国际关系行为体来说都至关重要，因为只有这样各个行为体才能得到充分理解、正确分析和恰当的评估。而要想实现这一目标，就需要各方共同努力。观察者需要打消潜在的先入为主的想法或偏见，被观察者需要意识到这些偏见依然可能存在。

世界历史上有很多例子说明了这项工作的复杂性。而如今的国际舞台形势更是严肃地提醒着我们，这项任务是何其艰巨。

二、共同价值观和原则是外交的基石

然而，共同的价值观和原则为我们提供了一个平台，使我们能够共享观点、大大降低误解的风险。

至少自1945年以来，存在全人类适用的普遍原则这一概念就已深深融入国际体系。这些原则代表的不是优越感，而是团结。它们并不是强加于人的，而是共享的，它们不是权力工具，而是赋权的工具。

因此，这些价值观和原则能够得到广泛认同，这应被视为一种胜利，因为这代表我们拥有合作的共同基础。无须将基于这些价值观的论述视为说教，因为对实现部分价值观的不同看法不必被看作偏离了其重要性。

正如当前国际上的共同价值观和原则所表明的，价值观总有辩论和改进的余地。今天被视为理所当然的一些观念，是几十年前激烈辩论的结果。

伴随着这一演变而来的是巨大的责任。对于一些行为，有些人可能会认为是一种干涉，但另一些人则可能会认为是共同价值观和原则所要求的透明度、信息和共同责任的直接体现，而这些价值观和原则早已载入各国共同签署的国际文件。一些事情可能被一些人认为是贬低成就和进行征服的工具，其他人则认为应利用这一机会展示全方位发展承诺的落实情况。

三、规则和规范的相关性

国际法，终结秘密协定或条约，通过对话、合作与公开交换意见共同制定规范与模式，是当今世界取得的一些最重要的成就。

有时候，这些规则和规范被一些人认为是软弱的表现而置之不理，而另一些人则认为它们只是工具，需要的时候才会使用。然而，世界上有一套普遍认可的规则和规范，这些规则和规范可以被共同塑造、界定和理解，这种概念本身就是一个不可低估的发展。

联合国在这一共同和共用的架构中发挥着核心作用。在联合国内部，各国都是平等的，无论规模、经济实力或地理位置有何不同；在联合国内部，所有问题——无论大小——都要经由集体讨论和分析；联合国组织塑造了我们的日常生活。

无论是在电信、全球卫生还是在贸易方面，联合国都通过其专门机构创造了一个更加统一和互联的世界。团结和互联意味着稳定，稳定意味着可预测性，对国家、企业和公民个人来说都是如此。

规则和规范使全球化成为可能。它使得贸易可以蓬勃发展，贸易壁垒得以消除，知识得以共享。它拉近国家和人民间的距离，促进经济发展、减贫和技术进步并且在这些领域取得世所罕见的成就。而这一切之所以成为可能，是因为共同规则的存在以及在需要时为别国提供发展机遇的共同愿望。在这方面，世界贸易组织就是一个完美例证，它的出现是当前基于规则的国际秩序得以建立的基石。目前，关于世界贸易组织改革的辩论表明，各方都认为有必要保留世界贸易组织并对其进行改革，以适应当今世界的发展趋势。

因此，偏离这一共同规则，或排斥一些人参与这一共同事业，对整个世界都是有害的，因为这与推动我们取得今天这些成就的因素正好相反：现在我们正处于一个贸易既自由又公平的时代。在这个时代，我们作出承诺并尊重承诺，理解发展的需求，但这些发展需求并不妨碍进步和尊重共同价值观。

四、葡萄牙的外交政策

葡萄牙就是这种做法的受益者。几十年来，葡萄牙外交政策的标志是：与各国进行公开和坦诚的对话，坚定地捍卫共同价值观，并坚信基于规则的国际秩序是有利的。它以国内广泛的政治共识为基础，帮助我们游刃有余地应对日益复杂的国际环境。

作为一个坚定的支持欧盟的国家，葡萄牙在欧盟发现了证明这种方法好处的完美例证。1986年，葡萄牙与西班牙一起加入欧盟，使当时的欧共体成员数量增加到12个。现在，葡萄牙是一个拥有27个成员大家庭的骄傲一员；在欧盟内部，成员将主权的让渡视为一种收益而非损失；对话和妥协取代了对抗；尽管在许多领域都存在限制性多数规则，但各成员仍会尽力达成一个大家都能接受的共同立场。取得这些成就并非没有代价。之所以能够取得这些成就，是因为各成员有意识地决定以法律代替强权，在作决定前听取意见而不是将自身意愿强加于人。

注重对话和相互理解也是葡萄牙在处理自身与全球许多国家长达数百年的关系时所遵循的原则。我国的历史是一部探索史和冒险史，是我们与不同出身和背景的人共同走过的一段旅程，是一条多元化和开放的道路。

所有这些都使葡萄牙敏锐地意识到倾听和交流的必要性。这就是我国在担任欧盟理事会轮值主席国期间所做的工作——努力将各国团结起来，制定有利于实现各方共同利益的解决方案。这就是我们与那些历史、传统和文化与我们不同的国家和地区互动时所采取的行为方式。

这种开放的身份使我们深刻认识到，必须与非洲国家接触，并建立真正平等的伙伴关系；需要与亚洲国家保持稳固的关系，因为未来几十年里，亚洲国家在世界上的重要性只会与日俱增；以及需要捍卫跨大西洋（包括北美洲、中美洲和南美洲）联系的活力及其对欧洲的核心重要性。

五、应对全球性挑战

气候变化是诸多全球性挑战中最明显和最紧迫的一个。我们只有一个地球，没有备用计划，因此除了多边合作，别无他法来应对气候变化造成的影响。各国需以《巴黎协定》为核心，并就我们必须要做的事情——实现碳中和达成共识，世界各国必须投资新兴绿色技术，逐步淘汰旧的污染性技术，从而获得绿色转型必将带来的社会和经济利益。

当今时代，各国面临着海岸侵蚀、土地荒漠化、生物多样性丧失并威胁到农业和生物平衡等危机，这意味着气候变化是人类共同的挑战。因此，民族主义再无用武之地，各国利益深度交融，一荣俱荣、一损俱损。

这种观念同样适用于卫生领域的国际合作，合作抗疫已经充分体现这一点。只有所有人安全了，我们每个人才会安全。国际合作对于解决影响全人类的问题来说至关重要。尽管有些国家可能会有更多的工具来应对相关问题，但没有任何一个工具能强大到足以保护某一特定国家或地区免受全球性问题的影响。这就是为什么多边主义、对话和合作如此重要，特别是在捍卫以科学为基础的解决方案或以透明和可验证的方式分享数据和信息上，疫苗的研发过程充分证明了这一点。我们不要忘记，大多数疫苗的研发都是通过不同国家和机构之间的合作得以实现的，即使是那些不依赖这种伙伴关系的国家，也是因为科学和知识共享没有国界或限制才能取得成功。

六、结语

因此，重建疫情后的世界需要正确理解所有这些经验教训，并将其内化为各国在国际舞台上的言行。如果合作和对话对于战胜共同挑战来说至关重要，那么它们不也应该成为我们处理那些缺乏理解和共同解决方案的问题时应该遵循的原则吗？

拥有不同文化的国家很可能总是会以不同的方式看待和解释某些事实，但这并不意味着各国就不能找到共同点。共同的价值观体现在国际条约、宣言和决议中；在各方共同建立的框架中，联合国和国际法发挥着核心和根本作用；各方也都有义务交谈和倾听。这些都是能让我们团结在一起的因素。

一些国家的规模、人口和经济实力更加突出，因而它们在推动合作和对话方面负有特殊责任，因此这些国家的行为会受到更严格的审视。能力越大，责任越大，[①] 这不应让人感到意外，而应被当作为了所有人的利益而做得更多、做得更好的动力。

多样性是世界上最丰富的品质之一，既定义了我们也对我们构成了挑战，但我们不能因此孤立他人或将自身意愿强加于人。如果我们生活在一个全球互联的世界中，一个人的行动可能而且有时确实会影响到其他人，这就是为什么我们所有人——外交官、政治家、民间社会、学术界——都必须认真考虑自己的行为可能会如何影响他人的看法。因此，我们不应将关心和培育共同

---

① 这句话的完整表述是"能力越大，权力越大，责任越大"，责任首先要对应相应的权力。——译者注

价值观的需要视为干涉，而应将其视为对话和共同提升的平台；对话永远不应被抛弃；合作永远比对抗更加可取。外交是内政的延续，经济复苏、绿色转型和数字转型的挑战应被视为推进共同价值观的途径。

第三部分　共创未来

巨龙与法老的国度：
新千年背景下的埃及与中国

穆罕默德·巴德里

　　穆罕默德·巴德里，2019年担任埃及驻华大使，兼任驻蒙古国大使，出生于1967年，1995年以优异成绩获得安卡拉比尔肯特大学国际关系和外交史博士学位，出版多部著作，曾任职于埃及文化、和平和文明间对话问题协调中心，并在联合国安理会和联合国大会负责中东事务，曾担任埃及外交部长助理兼常驻阿拉伯国家联盟代表。

　　尽管远隔重洋，但埃及与中国因文明、历史和现实的世界政治联系在一起，共同走上了一条前所未有的相互合作新轨道。两国关系超越了意识形态差异和地理距离，成为基于地缘战略、经济和政治考虑的必需品而不是奢侈品。两国都取得了重大发展成就，这些发展推动两国走向未来。中国迅速在国际舞台上崛起，无须像其他大国那样经历国际权力分配的转移和全球动荡的传统路径；而埃及经历了两次革命，最终走上了新的社会经济和政治发展道路，正在重新确立其在该地区的领导力，并促使其在一个相当动荡的地区恢复自身作为区域性稳定大国的作用。

　　拿破仑有一句格言："国家政策是其地理位置的产物。"我们可以自信地说，用麦金德①的话来说，中国和埃及都是"地理支点"。中国是世界舞台上的地理支点，埃及是本地区的地理支点，但能够影响国际地缘政治。地缘政治支点间开展互动并形成有利于自身利益的关系模式，这是很正常的。许多因素进一步强化了这一点，尤其是以下因素。

　　第一，埃及在外交政策上采用了多元化原则。这让它在不带偏见的情况下平等地加强与各国的战略关系，从而为进一步在全球范围内，尤其是与大国建立联系铺平了道路。

　　第二，开罗和北京一致认为，应在促进共同利益、尊重国际法的框架内建立这种关系，并通过对世界和地区政治中诸多问题的共同愿景进一步加强该关系。

　　第三，地缘政治枢纽的地位为两国间的合作开辟了道路，尤其是随着北京提出"一带一路"倡议，埃及总统阿卜杜勒法塔赫·塞西（Abdul Fatah Al-Sisi）在几乎所有国际框架内都作出了

――――――――

　　① 哈尔福德·麦金德（Halford John Mackinder，1861―1947），英国地理学家与地缘政治学家，以提出地球的地缘政治学概念而闻名。

承诺。由于苏伊士运河的存在以及其他地缘政治优势，埃及成为"一带一路"倡议的重要支柱。

第四，埃及坚信中国能够在促进埃及发展方面发挥作用，这让中国成为建立在双赢基础上的、非常有价值的合作伙伴。

所有这些因素都帮助埃中关系走上正轨，双方都坚信两国关系能够取得成功。

在不同的时代和历史转折点，埃及一直扮演着不可或缺的区域性角色。埃及地处非洲、亚洲和欧洲交界的重要十字路口，是几个世纪以来东西方之间的贸易中心，对世界具有特殊意义。作为中东和北非千年文明中政治、文化和经济生活的中心，埃及的重要性当然不会被中国的决策者忽视。

中华文明同样绵延了数千年，是世界上最古老的文明之一。历史上中国在亚洲扮演了关键角色，在当今世界也正发挥关键作用。此外，过去40年里，中国迅速崛起为世界第二大经济体，积极参与区域和全球事务，在国际舞台上发挥着重要作用。这一点得到全球认可，埃及也高度认可。为了实现双方的最大利益，两国政府已经准备好挖掘战略伙伴关系的潜力。

幸运的是，这种新的伙伴关系不必从头开始建立，因为埃中传统友谊深厚，双边关系基础牢固。今年（2021年）是埃中建交65周年。埃及是第一个同新中国建交的阿拉伯国家和非洲国家，自那时起，埃中一直保持着深厚的、战略性的、牢固的关系。今年（2021年）也是不结盟运动成立60周年，两国在不结盟运动的建立中发挥了关键作用，并且至今仍在为发展中国家和地区的事业提供支持。双方还捍卫了坚持自身治理和发展模式的权利。此外，二者致力于促进和领导南南合作，以实现本国人民公正和公平发展的愿望。两国通过坚决维护基于规则的多边体系，共同促进了发展中国家的利益。

在埃及总统塞西和中国国家主席习近平的领导下，2014年两国元首决定将双边关系提升为"全面战略伙伴关系"，这一年塞西成为民选总统。此外，两国在维护稳定、和平与打击恐怖主义方面持有共同的价值观和原则，因此两国建立如此牢固有力的战略关系毫无意外。在中国国务委员兼外交部长王毅于2020年1月对开罗进行访问时，埃中双方决定进一步提升两国关系水平。目前，两国正在为这个新型战略伙伴关系制定框架。

埃中经贸关系是两国关系不可或缺的有力体现。中国是埃及最大的贸易伙伴，尽管新冠疫情对全球经济产生了负面影响，但2020年双边贸易额仍达到145亿美元。而与大多数国家和中国的贸易状况一样，两国贸易并不平衡，中国占有绝对优势。一旦新冠疫情消退，这种不平衡应该能够通过促进埃及旅游业发展得到相对改善，埃及第一年的目标是吸引100万中国游客，并将进一步扩大这一目标。此外，在新冠疫情肆虐期间，两国都成功地实现经济正增长，2020年中国经济增长率为2.3%，埃及经济增长率为3.5%。

必须指出的是，中国在埃及的发展进程中发挥了不可或缺的作用，尤其是在基础设施和制造业领域。中国积极参与埃及多个大型项目的建设，如在埃及新行政首都的建设中，中国建筑集团有限公司承建了新首都中央商务区项目。此外，中埃·泰达苏伊士经贸合作区项目也取得了巨大成功，体现了两国强有力的双边经济合作成就。该地区的大部分投资都是以出口为导向的，有助于埃及实现成为出口型制造业中心的愿景。

埃及以前长期受困于电力短缺，但在塞西总统的英明领导下，埃及目前有大量电力盈余，这为使埃及成为跨区域能源枢纽铺平了道路。目前，埃及正在努力将电力盈余输送到非洲、西亚以及欧洲国家。此外，埃中两国始终致力于以绿色环保的方式促进可持续发展，以应对气候变化。根据埃及电力和可再生能源部发布的《综合可持续能源战略（2015—2035）》，2022年埃及20%的电力供应将来自可再生能源，2035年这一比例将提高至42%。许多中国企业，如中国葛洲坝集团（CGGC）和特变电工（TBEA），在这一战略中发挥了不可或缺的作用，它们积极参与阿斯旺省的本班太阳能园区以及全国各地正在开发的其他太阳能和风能园区的建设，助力埃及实现这一宏伟目标。一些企业正在讨论开发产业综合体来生产太阳能电池板，以满足埃及和该地区的需求。

如果没有埃及雄心勃勃和卓有成效的经济改革计划，这样的项目就不可能实施。埃及的经济改革计划实现了非常重要的目标，主要包括稳定宏观经济和市场信心，实现经济持续增长，改善财政状况。埃及目前正集中精力维持这一稳定的增长趋势，并致力于保持持续和包容性的经济增长。以可持续和环保的方式发展基础设施建设，确保了与中国更密切的合作，也缩短了两国之间的空间距离。为了实现这些目标，埃及必须继续致力于推动洲际经济一体化，刺激经济的可持续发展、进步和繁荣。要实现这些目标，埃及必须建立必要的框架，促进私营资本和公共部门共同参与，使其能够开发鼓励跨境互联互通的重大项目，并为发展基础设施建设创造必要的基础，填补我们各自地区巨大的基础设施融资缺口。在这一点上，中国正发挥重要作用，未来中国的作用将更加多元化和更加强化。

埃中也在重要的多边发展倡议中密切合作，如习近平主席提出的富有远见的"一带一路"倡议。埃及对该倡议的支持源于对其核心目标的认同，该倡议契合我国促进全球化和互联互通的愿望。埃及因其战略位置以及与一些主要经济集团和地区签署多项自由贸易协定的既定事实，自然成为这一重要倡议的支持者。这对中国企业来说是一个真正的机会，只要它们按要求为埃及本地提供最低的价值增值，就可以投资埃及并毫无障碍地直接向这些经济集团和地区出口产品。重要的是，埃及位于苏伊士运河海上航线上，因此预计运输成本将大幅降低。这些为中国的相关行业领袖提供了巨大的机会和优势。

埃及还加入中国提出的国际倡议，如以创始成员国的身份加入亚洲基础设施投资银行，是第一个来自非洲大陆的成员国。如今，亚洲基础设施投资银行已成为世界级的多边开发银行和发展融资的多边合作中心。

在政治层面上，埃中关系日益深化。有许多事实可以佐证：塞西总统在过去7年间对中国进行过6次访问，习近平主席也在2016年对埃及进行了历史性访问。两国元首经常进行密切磋商，今年（2021年）2月22日两国元首通电话进行深入交谈。两国元首之间的牢固关系为促进双边关系发展奠定了坚实基础。两国在新冠疫情期间的沟通或许是两国牢固政治联系的又一例证。起初，当疫情在中国肆虐时，埃及毫不犹豫地立即向中国提供医疗援助，2020年3月塞西总统派卫生部长作为特使携带更多的医疗物资访华，以示对中国政府和中国人民抗击疫情的声援。这是在中国抗疫最艰难的时刻首次有外国官员到访中国。另一个非常具有象征意义的举措是，埃及总统授意在举世闻名的三大世界文化遗产上打出中国国旗，以示埃方对中方兄弟般的坚定支持。

当新冠疫情波及埃及时，中国率先伸出援助之手。中国迅速向埃及捐赠了几批非常宝贵和急需的医疗用品，包括呼吸机、口罩和防护服。此外，在物资最匮乏的时候，中国帮助埃及购买了急需的医疗用品。最近，中国向埃及运送了两批共30万支疫苗，埃及正在与中国进一步洽谈购买更多疫苗，以解燃眉之急。对全人类而言，新冠疫情无疑是一大灾难，但它同时为埃中两国提供了一个相互表达友谊和团结的机会。

两国关系经历巨大飞跃，未来几年内将进一步发展。两国领导人的共同信念指向这个方向。同时，这也基于两国能够为彼此带来的互惠。诚然，人们可以通过两国关系的历史来预测未来，但这种预测并不全面。历史只能为双边关系的未来提供有限的参照，而这种关系必须建立在互利、共同愿景和广泛互补性的框架内，所有这些都在埃中双边关系中得到了充分体现。所有的实际指标似乎都表明：巨龙和法老的国度注定要通过坚定信念和巩固实际利益来缩短空间距离，实现共赢。

连接非洲与亚洲的基础设施：
"南部非洲发展共同体走廊"
与"一带一路"倡议的合作机会

姆贝尔瓦·凯鲁基

　　姆贝尔瓦·凯鲁基，2017年担任坦桑尼亚驻华大使，出生于1975年，在英国赫尔大学取得工商管理硕士和国际法硕士学位，曾担任坦桑尼亚外交部联合国安全理事会事务司顾问、坦桑尼亚总统私人助理、坦桑尼亚外交部亚澳司司长等职位，作为一位高级外交官，在公共部门的管理和组织方面拥有丰富经验。

在2018年中非合作论坛北京峰会开幕式上，习近平主席表示，中国将通过"一带一路"这一新平台，促进国际合作、推动共建人类命运共同体。与会非洲领导人一致支持这一代表中国发表的声明。在全球政治环境不断变化和新冠疫情后全球经济重启的大趋势下，中国作为新兴的全球经济增长原动力，尤其在为非洲国家实现发展计划提供所需技术和金融资源方面发挥了重要作用。

作为唯——个预计2021年经济增长率将超过2%的主要经济体，[①] 中国目前正准备在全球范围内承担起关键责任，而与此同时，经合组织其他主要经济体的经济仍继续停滞不前。此外，中国在国内社会经济发展方面具有明确的目标和战略方向，将按计划实施"十四五"规划。对经济反弹的预测表明，在整个"十四五"期间，中国经济将保持4%的同比稳定增长。

坦桑尼亚拥护中非合作论坛的原则，愿在多方面巩固与中国的关系。在这一点上，我们希望中坦双边经济合作能够建立起坚实基础，制定出务实的合作框架，为工业、物流和贸易发展提供战略合作平台，从而与东非共同体（EAC）和南部非洲发展共同体（SADC）发展框架下的区域市场一体化倡议相衔接。由于中国已开始将"一带一路"作为推动国际合作的新平台，因此坦桑尼亚邀请中方考虑参与由安哥拉提出并得到坦桑尼亚支持的跨境铁路基础设施发展和服务一体化倡议，共同推动本格拉和坦赞铁路的无缝运营。综合铁路线将成为贯穿安哥拉、刚果、坦桑尼亚和赞比亚几国自然资源最丰富地区的骨干交通基础设施：连接向西的国际贸易门户大西洋港口洛比托，以及向东的国际贸易门户

---

① 中国官方数据显示，2021年中国的国内生产总值增长8.1%。

印度洋港口达累斯萨拉姆和巴加莫约。

南部非洲发展共同体走廊的战略构想和设计与中国的"一带一路"倡议有共通之处。"一带一路"倡议通过坦赞走廊与南部非洲发展共同体四个战略走廊相连接。南部非洲发展共同体走廊和"空间发展倡议"（SDI）社会经济转型模式要取得成效，前提是要投资与经济服务和自然资源开发相关的基础设施，并与相关产业和物流平台连接起来。这一整体发展模式旨在实现全面的社会经济转型，促进南部非洲发展共同体区域贸易发展，并通过相关发展走廊和"空间发展倡议"的多式联运终端，进一步参与全球增值贸易。在这方面，铁路运输连通至关重要，因为这样才能提供必要的承载能力，将大量原材料从初级生产中心运送到工厂，并最终将半成品和成品输送到各个市场。

撒哈拉以南非洲的年轻人口将转化为不断增长的消费市场和巨大的劳动力市场，如此一来，中国可以将部分过剩的工业产能转移到本格拉—坦赞走廊，利用南部非洲发展共同体地区现有的丰富原材料，并通过洛比托、达累斯萨拉姆和姆特瓦拉港口更有效地将制成品或零部件输送到全球出口市场。而本格拉—坦赞走廊的发展将推动贝拉走廊和联通赞比亚首都卢萨卡的沃尔维斯湾走廊的发展，使之成为物流和交通枢纽。

目前看来，在推动"一带一路"倡议与国际发展倡议对接上，中国积极领导和推动的是复兴以欧洲为中心的传统欧亚丝绸之路并使之现代化。而"21世纪海上丝绸之路"则穿越印度洋，绕过非洲东海岸，穿过曼德海峡进入红海，向地中海—非洲方向延伸。没有公路通向撒哈拉以南的非洲腹地，坦赞铁路是第一条进入非洲腹地的铁路线，这是彰显中国、坦桑尼亚和赞比亚人民在武装解放斗争和经济领域表现出的领导力与团结的持久标志。如今正是中国、安哥拉、刚果（金）、坦桑尼亚和赞比亚等国现任领导人和人民重新发扬经济团结精神，携手将"一带一路"倡议与南部非洲发展共同体走廊和"空间发展倡议"联系起来，实现互利共赢的大好时机。

显然，通过设想中的"21世纪海上丝绸之路"，中国的"一带一路"倡议与南部非洲发展共同体的跨境区域"发展走廊"和"空间发展倡议"之间有机会建立共生伙伴关系。在合作中，中国和南部非洲发展共同体成员可以通过签订协议、制订区域实施计划，将"21世纪海上丝绸之路"与南部非洲发展共同体区域指示性战略发展计划（RISDP）批准的、中国和南部非洲发展共同体成员共同商定的基础设施项目和经济生产计划连接起来。

中坦两国在基础设施、农业、工业和采矿业等领域开展多种经济生产项目的潜力巨大，这将与南部非洲发展共同体本格拉—坦赞走廊的发展和东非共同体市场供应链的发展产生战略契合和催化作用，并最终为非洲大陆自由贸易区市场提供助力。

坦桑尼亚位于撒哈拉以南非洲的东海岸，拥有开放的贸易公路，通过印度洋水域，直接连通亚洲和中国。考虑到这一独特的地理位置，通过建立工业园区及贸易和物流中心的形式开发多用途和多产品的中坦供应链平台，具有显而易见的好处。具有发展潜力的主要产业之一是生产以镍、钴、钒和石墨为原料的蓄电池，这一产业在非洲乃至全球都有长期增长潜力。坦桑尼亚可以成为电动车、蓄电池和其他设备或部件的区域制造和出口中心之一，这些设备和部件将用来满足可预见的新兴工业世界的需求，因为工业国家将有越来越多的工厂、设备和运输工具使用非化石能源。

中坦经济关系得到双方的全力政治支持。要确定能够直接合作的具体领域，有效的做法是首先找出中国"十四五"规划和坦桑尼亚五年发展规划中具有一致利益的领域。然而，我们可以很有把握地说，我们的首要任务是增加粮食生产，从而将食品成本控制在相对于工业工资来说较低的水平，因为食品通胀总是会提高生产成本，迫使工业企业倒闭或不得不将工厂迁至其他地方。

展望未来，现在是时候将南部非洲发展共同体走廊和"空间发展倡议"潜力转变为中非合作论坛框架下的行动，与中国"一带一路"倡议下的"21世纪海上丝绸之路"连接起来。将这两项倡议有机结合起来，将创造机会、在投资自然资源开发上取得切实的成果，实现南部非洲发展共同体的工业化目标，满足基础设施需求，提供社会服务，促进互利互惠的贸易发展。

古巴与中国
——变化世界中的伙伴关系范式

卡洛斯·米格尔·佩雷拉·埃尔南德斯

　　卡洛斯·米格尔·佩雷拉·埃尔南德斯，2019年担任古巴驻华大使，毕业于劳尔·罗亚·加西亚高等国际关系学院，获国际政治关系专业学位，曾就读于北京语言文化大学（现北京语言大学）和北京大学，1990年加入古巴外交部亚洲和大洋洲司，曾在古巴驻华大使馆担任三等秘书、二等秘书和一等秘书，2006—2011年首次担任驻华大使。

一、60年的深厚友谊

2020年9月28日，古巴和中国庆祝建交60周年，这场盛会超越了古中关系本身的意义，因为古中建交也代表了中国与拉丁美洲和加勒比地区建交的开始。2021年也是具有里程碑意义的一年，这一年是中国共产党成立100周年，这百年历史昭示着中国共产党领导中国前进的意志和决心。

1960年9月2日，国际关系领域发生了一件史无前例的大事。在地位相当于天安门广场的古巴何塞·马蒂革命广场上，成千上万的人听到古巴革命领导人突然提出要与台湾"断交"，宣布承认中华人民共和国。

在场所有民众一致通过这项提议，并将其纳入第一个《哈瓦那宣言》，由此在古中两国间建立政府联系。1960年11月，革命领袖埃内斯托·切·格瓦拉（Ernesto "Che" Guevara）率领古巴政府官方经济代表团访华，得到毛泽东主席和其他中国领导人的接见。两国政府签署了第一份经济和技术合作协议。12月，中国全国人大常委会副委员长郭沫若率领友好代表团出席了古巴革命胜利两周年庆祝活动。1961年9月，古巴总统奥斯瓦尔多·多尔蒂科斯（Osvaldo Dorticós）访华。1965年，埃内斯托·切·格瓦拉再次访华，受到了中国最高当局的接待，并到访中国多个省份。

必须指出的是，古巴革命与中国革命的相遇是一个完全自然且合乎逻辑的过程：这是两场伟大的革命，在中国由中国共产党领导，在古巴则以"七·二六运动"为标志，两场革命都得到了不同社会阶层民众的广泛支持。在历史上，这两场革命胜利的时间相差并不久远，在激烈进程的高峰期分别涌现出以毛泽东和菲德尔·卡斯特罗（Fidel Castro）为代表的领导人。

菲德尔·卡斯特罗在1995年的首次访华具有历史意义。他参观了几个地方，见证了中国的工业、城市和农村的发展。他与中国国家主席江泽民和国务院总理李鹏进行了交流。中国曾是世界上最贫穷的国家之一，但中国在20年内的发展变化给菲德尔留下了非常深刻的印象。2003年，菲德尔第二次访华，这体现了他对中国社会主义发展的信心。我必须说，菲德尔是古中关系及其愿景的主要设计师，促成了双方在医疗服务、生物技术、旅游、教育等战略议题上开展合作。

60多年来，高层互访和巩固战略政治对话是两国关系的根基。两国领导人定期进行交流。劳尔·卡斯特罗·鲁斯（Raúl Castro Ruz）于2012年以古巴国务委员会主席兼部长会议主席身份访华，于2005年、1997年分别以古共中央第二书记、国务委员会第一副主席兼部长会议第一副主席身份访华。米格尔·迪亚斯–卡内尔·贝穆德斯（Miguel Díaz-Canel Bermúdez）于2013年以古巴国务委员会第一副主席兼部长会议第一副主席身份首次访华，2018年以古巴国务委员会主席兼部长会议主席身份访华，2022年以古共中央第一书记、国家主席身份对华进行国事访问。江泽民主席于1993年和2001年访问古巴，胡锦涛主席于2004年和2008年访问古巴，习近平于2011年以副主席身份访问古巴、2014年以主席身份访问古巴，其他中国领导人也曾访问古巴。

古巴和中国革命的结合在两国历史发展中完全合乎逻辑，因为这两次革命在各个领域都有相通性，包括从经济与商业、人文、意识形态、文化、教育、外交政策到科学、技术和环境方面的合作。

中国一直是我国第二大商业伙伴，为我国提供重要的优惠融资，是我国系统性实施经济社会发展重点项目的主要技术供应商。古巴也在巩固其作为中国市场上糖、镍、龙虾、朗姆酒和烟草等产品稳定供应商的地位，并且已初步向中国提供高效和创新的生物技术产品。

多家中国企业参与了古巴的重点项目，其中许多项目都与古巴的基础设施、电信、可再生能源、旅游等国家生活中的各个重要领域的建设与现代化有关。

古巴重视将"一带一路"倡议扩大到拉美地区，增加新的合作维度——加强中国—拉共体合作论坛建设，该论坛是在哈瓦那举行的拉共体第二届峰会上达成协议同意设立的。所有这些为拉美国家在发展基础设施、加强区域互联互通以及构建卫生领域防控机制方面提供了独特的机会。

两国都致力于增进人民福祉和健康。携手抗疫不仅拉近了两国的距离，还扩大了双边贸易关系并取得了可喜的成果。生物技术领域的双边合作达到前所未有的水平，我们决心继续扩大这种合作以造福两国人民。

二、古中在生物技术和医药产业领域的合作

16年来，古中两国在生物技术和制药领域的合作稳步发展，取得显著成果。

2004年11月22日，两国政府承认在该领域的双边合作取得进展，在古巴杰出领导人、总司令菲德尔·卡斯特罗[1] 和尊敬的

---

[1] 时任古巴国务委员会主席。——译者注

中国国家主席胡锦涛的见证下签署《生物技术领域合作的谅解备忘录》①。2009年，双方同意将备忘录的有效期延长5年，并在2014年7月习近平主席访古期间，以及在古中生物技术合作联合工作组第7次、第8次、第9次和第10次会议上再次延长。

这份谅解备忘录确定了两国生物制药领域合作的总体框架，使两国能够推进和巩固双边关系。

古巴生物技术和医药产业集团与中国生物技术和制药企业及机构以多种方式开展合作，旨在推进产品开发，并最终使产品在中国快速获得注册批准。如今，两国在生物技术领域的合作已取得丰硕成果，成立3家对人类健康和农业有重要贡献的中古合资企业：北京百泰生物药业有限公司、长春海伯尔生物技术有限责任公司、山东鲁抗海伯尔生物技术有限公司。

这3家公司都设立在中国。古巴生物技术中心与这3家企业合作研发治疗癌症和肝炎等高发疾病的创新药物，古巴迄今共向中国转让了10项技术。

到目前为止，古巴生物技术和医药产业集团在中国注册了4个产品：（1）尼妥珠单抗（泰欣生）：北京百泰生物药业有限公司生产的用于治疗鼻咽癌和其他类型肿瘤的人源化单克隆抗体，已有5万多名中国患者得到治疗，目前正在申请其他两种肿瘤适应证（头颈部和食道）的使用批准；（2）长春海伯尔生物技术有限责任公司生产的用于治疗乙肝和丙肝的重组人干扰素α-2b；（3）湖北中古生物制药有限公司生产的用于治疗高胆固醇血症的Ateromixol（PPG）；（4）山东鲁抗海伯尔生物技术有限公司生产的生物肥料Aikexian。

----

① 全称为《中国国家发展和改革委员会和古巴部长会议执行委员会关于生物技术领域合作的谅解备忘录》。——译者注

在武汉东湖高新区，还有一个生产Ateromixol和其他天然制品的古中生物产业基地。同样，在湖北中古生物制药有限公司的协助和支持下，古巴建立了生产重要天然产品所用包装材料的软胶囊生产工厂，还建立了生产生物传感器的工厂（使用长沙三诺生物传感技术有限公司的技术）。

古巴生物技术和医药产业集团还与中国成都、永州、上海和长春的地方政府以及大学和研究所（上海科技大学、上海药物研究所、上海神经科学研究所、成都科技大学）合作，建立研发中心和联合实验室，为中国市场引进古巴专有技术并联合开发，促进生物技术创新。特别值得关注的是永州市政府和古巴生物技术和医药产业集团在永州经济技术开发区共建的研究基地中古生物技术联合创新中心，此外还有成都电子科技大学与古巴国家神经科学中心的神经科学和脑映射项目联合开发实验室。这些都是该领域双边合作最重要的项目。

古中在生物制药领域的合作已进入新阶段，也面临新的挑战。这些挑战包括保持和增加中国市场在售的生物技术产品的销售量，以及古巴生物技术和医药产业集团目前在中国生产的产品需要注册适用于新的适应证。此外，应加快用于中期治疗药物的临床研究，以便使其早日进入中国市场，如用于治疗癌症新适应证的尼妥珠单抗，用于治疗糖尿病足溃疡的Heberprot-P，针对肺癌的治疗性疫苗CIMAvax，针对乙肝的治疗性疫苗（HeberNasvac）和用于治疗急性痔疮的Heberkinasa（Proctokinasa）。

古巴生物技术和医药产业集团相信，古巴经济模式转型将为外国投资者提供更多可能性，古巴将继续与中国加强合作，发展联合项目。

三、古中在科技与环境领域的合作

古中两国在具有共同利益的领域有着长期的合作关系。1989年在北京签署的《中国政府和古巴政府科学技术合作协定》，为建立科技合作混合委员会奠定了基础，该委员会的职责是评估和协调合作方案的执行情况。

迄今为止，古中政府间科技合作混合委员会已经举行11次会议。2019年10月15日，古中政府间科技合作混合委员会第11次会议在北京召开，古巴科技环境部副部长与中国科技部领导① 共同主持会议。与会双方回顾了两国在生物医药、脑科学等领域的合作成果，围绕科技园区合作、人员交流、支持联合研究等议题进行深入交流。会后，双方签署《中国政府与古巴政府科技合作混合委员会第11次会议纪要》。

双方同意在以下领域开展务实合作：生物技术、生物医药和神经科学、纳米科技、气候变化、自然资源和环境、科技园区、农业科技、青年人才等。

2020年第一季度，双方设立"古中联合倡议"（Cuba-China Joint Call）项目，旨在促进两国机构、科学中心和企业在生命科学、纳米科技以及农业科技（包括杂交水稻）等领域开展研究项目。

在神经科学领域，古巴、中国和加拿大正在开展的"脑计划项目"成效显著，由于其开创性的成果，该项目已获延期3年。该项目的研究目标之一"精准脑健康"项目（Precision Brain

---

① 中国科技部党组成员陆明与古巴科技环境部副部长阿曼多·罗德里格斯·巴蒂斯塔（Armando Rodriguez Batistu）。——译者注

Health）旨在研究病理性大脑衰老的早期发现和管理，并确定最有效的治疗方法。通过这一平台，来自3个国家的研究中心、大学和机构成功实现了合作。

另一个值得强调的重大成就是成都电子科技大学的古中神经科技转化前沿研究联合实验室，该实验室研究多种神经退行性疾病和精神障碍的早期发现、干预和康复。此外，该实验室还负责审查和开发两国共有的技术产品和服务，为两国高科技产业的发展和转型作出了贡献。

古中两国在其他领域的合作也取得了务实成果，如在环境方面，中国向古巴捐赠了技术和设备，用于评估哈瓦那的空气质量、地震数据和全岛受损最严重地点的情况。同时，中国注重向有才华的古巴青年科学家提供奖学金，使他们可以接受创新环境技术方面的培训，这也是相当有意义的。

中国在发展科技园区和高新区方面取得了成功。有鉴于此，我们正在设法引进中国企业在古巴科学园区内投资兴业，促进古巴高科技公司与中国同行之间开展业务、生产创新产品并实现商业化。

古巴第一个科技园哈瓦那科技园区于2019年开放，园区位于古巴信息科学大学。3CE是"创造、增长、竞争力和企业之间的联系"的首字母缩略词。古巴期待将这一经验推广到全国其他地区的高等教育中心。哈瓦那科技园区已被列入"古巴2020—2021年外国投资机会组合"。

在马坦萨斯还有一个古巴科技园，这是一个由5个股东组成的贸易公司，已经签署第一份出口合同（价值20万美元的计算机化项目）。与哈瓦那科技园区一样，该园区的核心业务内容是信息和通信技术（ICT），但它希望利用位于大学校园的优势，将业务扩展到其他知识领域。

两国合作的另一个目的是分享经验、丰富知识库，以应对发展中国家面临的共同经济、地理和文化挑战。

四、古巴与中国：抗击新冠疫情的典范关系

新冠病毒是导致肆虐全球的新冠疫情的罪魁祸首，是2020年全球发展面临的主要挑战，使国际社会充满不确定性、使世界人民遭受痛苦。毁灭性的新冠疫情表明，各国必须克服政治和意识形态分歧，通过合作和团结寻求共同解决全球性挑战的办法。

在人类不得不面对一场完全未知、意想不到、毁灭性的疾病的特殊情况下，古中这两个社会主义国家慷慨相助，秉持团结精神共同抗击疫情。出于强烈的政治意愿，两国加强了合作和战略沟通，从而在最困难的时候确立了相互支持的双边关系基本原则。

2020年是两国建交60周年，共同抗疫充分体现了两国良好的关系。当疫情首先在中国暴发时，古共中央第一书记劳尔·卡斯特罗·鲁斯和古巴共和国主席米格尔·迪亚斯-卡内尔·贝穆德斯于2020年1月向中共中央总书记、国家主席习近平致慰问电，表示愿与中国团结抗疫。不久之后，两国元首通电话，重申了在卫生危机背景下加强团结互助的意愿。

在两国共产党的坚强领导下，根据各自的实际情况，古中两国分别发起了防控疫情的决定性战斗，把保障人民的生命安全作为重中之重。人民群众的生命安全高于经济考量，这是两国共同的基本国策，与实行其他政治制度的国家有很大不同。

在全球抗击新冠疫情的背景下，古巴和中国在挽救人民生命

这一首要任务上展开了合作。我借此机会再次向中国共产党、中国政府和企业界表示深深的感谢，感谢他们为古巴抗击疫情提供宝贵援助。尽管美国政府对古巴的封锁及其治外法权的影响（2020年更加突出）给古巴带来了巨大障碍，但古巴还是得到了重要的防疫物资、药品和医疗设备。

古巴完善的卫生体系和强大的科学潜力是疫情防控工作取得有效成果的主要因素。例如，古巴在不同的临床研究方案中应用了22种创新生物技术产品，以防止高危人群受到感染，救治重症和危重症患者、控制病情发展。

应中国国家卫生健康委员会的要求，由长春海伯尔生物技术有限责任公司利用古巴技术生产的重组人干扰素α–2b已在中国11个省份成功应用于抗病毒治疗，这是古中合作抗疫的又一良好范例。古巴的α–2b干扰素也被其他国家应用于遏制SARS-CoV-2病毒。

古巴生物技术和医药产业集团生产的其他创新产品，已在古巴成功应用于抗击疫情，也可以提供给中国和其他国家。其中，Biomoduline T（一种天然药物，用作免疫系统的免疫调节剂）已在8000名老年人中使用，使急性呼吸道感染减少了40%以上，住院人数和死亡率也有所下降；Heberferon（注射用重组人干扰素α–2b与重组人γ干扰素复合制剂）是一种有效的抗病毒药物，用于治疗伴有并发症的SARS-CoV-2阳性患者。

使用Jusvinza（一种用于治疗SARS-CoV-2阳性患者细胞因子风暴的HSP60衍生免疫调节肽）的危重症患者的存活率为73.7%，重症患者的存活率为91.3%，总存活率为86%。该产品被古巴国家药品和医疗器械控制中心（CECMED）批准广泛用于治疗伴有炎症风暴的重症新冠患者；Itolizumab（一种人源化抗

CD6单克隆抗体），可降低SARS-CoV-2阳性的重症和危重症患者的IL-6循环水平。使用Itolizumab的危重症病人呼吸困难的改善率为70%，而重症病人的改善率为90%，总改善率为80%。

　　尽管美国政府利用新冠疫情危机大幅加强了对古巴的封锁，但古巴还是做到了这一切。封锁从来就是犯罪，是对古巴人民的种族灭绝和经济战争，但美国在疫情肆虐期间实施封锁的残忍程度是前所未有的。

　　最后，我想赞扬一下古中两国医生以及所有卫生工作者。卫生工作者是真正的英雄。在新冠疫情面前，是他们在奋不顾身地挽救生命，并在国与国之间架起了团结抗疫的桥梁。中国已向150多个国家、地区和国际组织提供援助。尽管资源有限，古巴还是向30多个国家派出了40多支医疗队来抗击新冠疫情。同时，两国一些医疗队在第三国保持协调沟通，共同为抗击疫情作出贡献。即使是古巴这种国际医疗合作行为，美国也试图诋毁和破坏，在世界需要更多合作和共同努力来战胜新冠疫情时，美国的立场是不道德的。

　　古中两国在加强公共卫生合作方面潜力巨大，包括在提升卫生服务水平、促进药品及其他卫生用品的生产和贸易领域。两国团结互助，共同抗击新冠疫情成为古中友谊的新象征、双边与全球合作的典范。这正是人类成功战胜新冠疫情亟须的关系范式。

　　两国高水平的政治关系，以及两国共产党、政府和人民之间坚定不移的友谊，使我们能够不断深化双边战略关系。作为社会主义国家，古中是好朋友、好同志、好兄弟，古中双边关系潜力无限，两国必须利用这些潜力造福两国人民和全人类。

印尼—中国战略伙伴关系迈上新台阶：合作、协同、团结

周浩黎

　　周浩黎，2018年担任印度尼西亚驻华大使，兼任驻蒙古国大使，1981年从加查马达大学毕业，获经济学学位，1984年进入印尼外交部，曾担任印尼驻俄罗斯和白俄罗斯大使（2012—2016年）以及东盟合作司副司长（2009—2011年）、印尼外交部部长战略问题高级顾问，多次作为代表团团长和发言人代表印尼参加区域及国际会议。

1949年10月1日（星期六），毛泽东主席在天安门城楼上庄严地宣告中华人民共和国成立。1950年4月13日，新中国成立后仅仅几个月，印度尼西亚就正式与中国建交，承认新中国的地位，与中国建立起友好关系。然而，印尼与中国的友谊可追溯至近千年前。14世纪时，明朝第三任皇帝明成祖朱棣时期的郑和率外交使团访问印尼群岛时，一位来自中国的僧人来到印尼群岛（Nusantara）[1]。

在苏加诺（Sukarno）总统时期，印尼于1950年同中国建交，成为最早与新中国建交的国家之一，并一直与中国保持密切联系。在印尼总统阿卜杜拉赫曼·瓦希德（Abdurrahman Wahid，1999—2001年在任）、总统梅加瓦蒂·苏加诺（Megawati Soekarnoputri，2001—2004年在任）、总统苏西洛·班邦·尤多约诺（Susilo Bambang Yudhoyono，2004—2009年、2009—2014年在任）和总统佐科·维多多（Joko Widodo，2014—2019年、2019年至今在任）执政时期，双边关系更加深化、更加广泛、更加牢固。2005年4月25日签署的《战略伙伴关系联合宣言》[2]与2013年10月2日签署的《印尼—中国全面战略伙伴关系未来规划》[3]，加强了印尼同中国的双边关系。

2020年4月13日至2021年4月12日，两国陆续举办了庆祝建交70周年及建立全面战略伙伴关系5周年系列纪念活动。因此，2020—2021年标志着两国伙伴关系进入"白金禧年"。70年的外交关系不算短暂。回顾过去70年，两国关系中也出现过诸多

---

[1] Nusantara是一个印尼语单词，意思是印尼群岛（https://kbbi.kemdikbud.go.id/entri/nusantara）。

[2] 全称为《中国和印度尼西亚关于建立战略伙伴关系的联合宣言》，2005年4月25日发布。

[3] 中方称为《中印尼全面战略伙伴关系未来规划》。——译者注

挑战，但携手合作是克服这些挑战的关键。虽然印尼和中国在社会文化和政治制度上存在差异，但作为二十国集团成员和亚洲大国，两国向世界展示了国家间合作、协同与团结的重要性。

一、互信

建交70年来，双方在政治、经济、贸易、社会文化和投资等众多领域皆取得了巨大成就。在如今新冠疫情肆虐的背景下，特别是在现任总统佐科·维多多的领导下，印尼和中国的伙伴关系迈上新台阶。这种牢固的双边关系主要基于政治互信、相互尊重与相互理解。两国领导人始终将基于不干涉和非对抗原则的沟通对话置于首位。

印尼首任副总统穆罕默德·哈达（Muhammad Hatta）于1948年9月2日首次阐述的"独立和积极"的外交政策原则，始终是印尼与其他国家包括与中国建交的基础。该政策着眼于维护国家利益、实现世界和平，具有很强的普适性，经受住全球变化的考验，能够应对各种挑战，并通过双赢的方案不断为解决世界问题作出贡献。

拥有2.7亿人口的印尼和拥有14亿多人口的中国，无论是在东盟和亚太地区，还是在全球范围内，都需要协调合作，这是由该地区的市场因素、地缘政治和地缘战略决定的。

两国领导人和高级官员之间通过互访、互通电话和互致信函等渠道保持着密切沟通。去年（2020年）8月，印尼外交部长与国有企业部长访问中国，这是疫情期间外国高官首次访华，体现了两国相互支持、共同克服世界性危机的意愿。2020年10月，印尼海洋与投资统筹部长及卫生部长访华，进一步表态支持中国。

此外，中国国防部长于2020年9月访问印尼，国务委员兼外交部长也于2021年初访问印尼①。这些沟通与交流巩固了印尼—中国全面战略伙伴关系在各领域合作的基础。

二、贸易和投资伙伴

印尼与中国的伙伴关系已发生重大转变，通过双边贸易、投资、社会文化交流和旅游等领域的合作，正在从政府层面快速扩展到人文层面。

在贸易领域，在2020年新冠疫情席卷全球的背景下，印尼和中国的贸易合作提升到更高水平，中国仍然是印尼的主要贸易伙伴。2020年，印尼和中国的贸易总额达到785亿美元。2020年1—12月，印尼对华出口总额达到374亿美元，与2019年同期相比增长10.10%。在对华出口方面，印尼在东盟国家中从2019年的第五位升至2020年的第四位。

同期，印尼从中国进口总额为410亿美元，与2019年相比减少10.13%。2020年，印尼对华贸易逆差下降68.96%，赤字为36亿美元，而2019年同期赤字为117亿美元。

在投资领域，自2016年以来，中国对印尼的投资稳步增加。过去3年中，中国一直是印尼第二大外国投资来源国。2019年1—12月，中国对印尼投资达47亿美元，同比增长95.6%。在新冠疫情肆虐的情况下，中国仍是印尼第二大外资来源国，仅次于新加坡，2020年对印尼总投资额为48亿美元，同比增长2.1%；香港是印尼第三大外资来源地，2020年对印尼投资额为35亿美元，同

---

① 此处指中国国务委员兼国防部长魏凤和、国务委员兼外交部长王毅。——译者注

比增长20.7%。

在互联互通项目投资方面，印尼国家战略项目雅加达—万隆高速铁路是两国基础设施领域合作的标志性项目，也是两国全面战略伙伴关系下的旗舰项目。2018年，在"全球海上支点愿景""丝绸之路经济带"和"21世纪海上丝绸之路"倡议框架下，印尼与中国签署了共建"一带一路"和"全球海洋支点"谅解备忘录，成为唯一一个成功将中国的"一带一路"倡议与本国的"全球海洋支点"战略协同起来的国家。在"一带一路"倡议和"全球海洋支点"框架下，两国合作建设了四条经济走廊，即"东盟经济和商业中心"北苏门答腊走廊、"能源和矿产中心"北加里曼丹走廊、"高科技和创意经济中心"巴厘走廊和"环太平洋经济中心"北苏拉威西走廊。双方合作领域包括技术园区、工业园区、垃圾处理项目、发电厂、电子商务、交通、港口、经济特区、5G、友好港口、渔业等，具体项目包括雅加达—万隆高速铁路、巴厘省海龟岛数字技术发展中心、卡拉旺和唐格朗产业园、瓜拉丹绒港、汽车工业园和莫罗瓦利工业园等。

除"一带一路"倡议和"全球海洋支点"的协同作用，印尼和中国还都是《区域全面经济伙伴关系协定》的签署国。该协定秉持包容、开放、透明和多边主义精神，无疑将加快相关国家和全球的经济复苏、药品和疫苗领域卫生合作、绿色合作以及可持续发展。

在旅游和人文交流领域，印尼已成为中国游客在东盟国家的第四大旅游目的地。同时，中国是印尼第二大海外游客来源国，2019年印尼接待中国游客210万人次。希望新冠疫情能够早日结束，印尼欢迎中国游客赴印尼旅游。除了巴厘岛，印尼还推出了"十个新巴厘岛"，即龙目岛曼达利卡、中爪哇省的婆罗浮屠、北苏门答腊的多巴湖、万丹省的丹绒勒松、雅加达的千岛群岛、邦加勿里洞群岛的丹绒格拉扬海滩、东爪哇省的婆罗摩火山、东努沙登加拉省的拉布汉巴焦、南苏拉威西省的瓦卡托比和北马鲁古省的摩罗泰岛。

三、数字经济

新冠疫情带来了巨大的变化，改变了当前商业领域的诸多方面。一方面，疫情破坏了全球经济，许多国家仍在努力复苏经济。另一方面，疫情加速了社会的数字化普及率。人们被迫在网上购物、在线学习、进行网上咨询，而这最终将成为一种习惯。此外，疫情使数字化转型成为世界上几乎所有企业和行业的首要工作。在线远程开展业务已成为一种不可避免的新常态。由于万物互联，数字媒体在促进贸易和投资方面发挥了重要作用。作为应对危机的手段，以及对新常态下居家工作的期待，各国对数字基础设施的需求变得极其重要且刻不容缓。因此，各行各业必须承认新冠疫情极大地加快了数字转型的步伐，数字化如今已成为全球人民的共同需求。

从这个意义上讲，为了跟上技术和数字化发展的潮流，鼓励在印尼实施数字扫盲计划，在印尼成立了一家独角兽企业的现任教育和文化部长建议将编码和编程纳入教学体系，使之成为必修课。他表示，将此类课程纳入教育体系至关重要，这对未来的经济发展来说将是对印尼人力资本的一项有价值的投资。

在印尼，超过53万所学校因疫情关闭，影响了从学前教育到高等教育阶段的6800万名学生，这让印尼对有效教育技术的需求变得极为迫切。印尼正在迅速和广泛地提高教育技术使用程度，预计这将对市场产生持久的影响。针对这一问题，佐科·维多多政府敦促在教育领域，尤其是远程教育领域开展更高效的数字化转型。印尼政府已发放高达1.9万亿印尼盾（约合1.284亿美元）的资金，用于使手机运营商为学生和教师提供流量补贴；还发放了7.21万亿印尼盾（约合5.1亿美元）的补贴，用于为印尼各地学生提供免费的移动互联网接入服务。为了满足全国对网课的需求，补贴还将酌情增加。

然而，早在新冠疫情暴发之前，数字化转型就已被许多企业提上日程。因此，印尼在数字化领域的发展潜力巨大。印尼现有五家独角兽企业和一家十角兽企业。[①] 2020年，印尼互联网用户为1.97亿户，互联网普及率达到74%，同比增长8.9%。同时，印尼智能手机的普及率也很高，年轻的互联网达人和中产阶级阶层不断壮大。

2020年，印尼电子商务交易总额为440亿美元，占印尼数字经济总量的72%，与2019年的210亿美元相比增长44%。随着数字生态系统的不断发展，交易额有望在2025年达到1240亿美元。根据谷歌、淡马锡和贝恩公司联合发布的《2020年东南亚数字经济报告》，印尼的数字消费者人数在疫情期间激增37%。考虑到印尼的经济增长是由国内消费支撑的，而且更多的零售商和消费者将被迫使用电子商务，预计该数字在未来一年将有更高增长。在疫情暴发前，2019年的在线旅游交易额为100亿美元。在在线支付方面，预计电子商务平台与电子钱包平台的合作会越来越多，这一数字自2019年以来一直呈上升趋势。

在金融领域，良好的互联互通为金融科技市场带来更多庞大

---

① 独角兽企业一般指成立不到10年但估值10亿美元以上又未在股票市场上市的科技创业公司；十角兽企业一般指成立不到10年但估值100亿美元以上的企业。——译者注

的机遇，并提高了银行的渗透率。印尼是世界第十大经济体，但印尼无银行账户的人口数量在全球排第四位。为适应新冠疫情带来的新常态，人们改变了行为，这使得包括银行和企业在内的一切都走向数字化。目前，印尼正在向无现金社会转型。随着电子钱包充值、手机银行和电子商务交易的增加，数字金融取得显著发展。因此，尽管受到新冠疫情和全球不确定性的影响，印尼如今仍有322家金融科技公司。

为缩小各地区的技术差距，印尼政府目前正在努力建设电信基础设施，预计到2022年4G网络将覆盖9113个村庄。2019年，印尼在塔宁巴尔启动了"帕拉帕环网项目"。该项目旨在为全国500多个县提供4G互联网服务，铺设总长3.5万多公里的陆上和海底电缆，覆盖从印尼最西端的萨邦到最东端的梅劳克，从最北端的米亚纳加岛到最南边的罗特岛。对于经济领域来说，互联网连接的改善将深刻影响各国工业并促进经济发展。然而，减少数字时代出现的网络犯罪和降低数据安全等风险和挑战也至关重要。

2021年，为进一步推动信息和通信技术发展，佐科·维多多总统宣布一项30.5万亿印尼盾（约合20亿美元）的预算，用于加快数字政府转型；确保提供有效且高效的公共服务，尤其是在教育、卫生和政府部门；巩固和优化共享型基础设施与服务；确保优先发展领域的公众参与度；推动3T（边疆、最外围和欠发达）地区约4000个村庄和子地区享有平等的互联网接入。

虽然仍处于数字经济建设的早期阶段，但印尼有着坚实的基础。回首10年前，电子商务和叫车服务已成为印尼扩大数字化覆盖范围的工业火车头。从那时起，一种新的数字商业模式变得更容易接受。到2025年，印尼的数字经济规模预计将达到1300亿美元，印尼将成为东南亚最大的数字经济市场。2020年，数字经济贡献了印尼国内生产总值的22%。印尼也是风险资本家投资的区域中心，阿里巴巴蚂蚁金服、百度、腾讯和美团等几家大型中国企业都已在印尼投资。

作为世界第二大数字经济体和162家独角兽企业所在地，中国的数字经济规模在2025年预计将达到4.2万亿美元。中国对数字领域十分关注，启动了数字海上丝绸之路项目，旨在发展海上丝绸之路地区的数字连接和基础设施建设。在新冠疫情压力下，支撑中国经济复苏的因素之一就是数字经济发展。

在发展数字经济方面，印尼和中国已在多个领域开展合作，包括万隆理工学院和清华大学合作框架下的IT研发中心巴厘龟乐岛项目，在Wekode School开展编码教育和培训合作，推出InaMall、虚拟支付、IT教育、职业培训，建设电子商务、金融科技和数字基础设施等。

为促进电子商务、金融科技和数字基础设施领域的合作，如前所述，印尼与字节跳动、美团、阿里巴巴蚂蚁金服、聚美优品、京东、百度和腾讯等多家中国知名企业展开合作。由于疫情持续肆虐，我们必须顺应时势并在危机中成为赢家，而数字化正是在疫情中求得生存的手段。两国在这一领域仍有很多合作空间。今年（2021年）初，印尼贸易部长推出了数字交易平台IDNStore，旨在支持印尼中小企业进入中国市场，促进印尼对华出口。

四、展望两国未来合作

综上所述，回顾印尼与中国70年的关系史，我们发现两国在进一步密切合作上有重大机遇。两国全面战略伙伴关系是将这一机遇变为现实的重要抓手。为应对新冠疫情，印尼政府于2020年7月20日成立国家经济复苏及处理疫情工作委员会，取代印尼新冠疫情应对工作组，加速推进减轻疫情影响的工作。

此外，2020年，为不断吸引投资者、简化商业流程，佐科·维多多政府出台了《创造就业综合法》(简称《综合法》)，以确保发展和经济的可持续性。该法律的主要目的是对若干现行法律进行修订，以解决损害印尼商业竞争力的一些基本问题。通过这项法律，投资者可以享受若干好处，如更稳定的商业环境、简化的规章制度、财政激励；简化许可申请和投资用地审批等非财政救济措施；以及政府为投资地点或区域提供某些基础设施等。

印尼和中国在数字领域都极具发展潜力，进一步合作的空间充足，许多合作机遇有待发掘。印尼的"全球海洋支点"战略与中国的"一带一路"倡议在内涵上有相通之处，两国都具有人口众多、市场广阔的禀赋，因而两国应携手并进，共同探讨在数字经济领域的合作潜力。"战略性、长期性和繁荣"将是两国未来双边关系的三个关键词，双方面临的唯一挑战是应对新冠疫情和推动社会经济复苏，这是我们共同的挑战。尽管两国会在具体问题上持不同观点，但关键是始终保持沟通，并在出现分歧时避免过度紧张、减少可能会影响两国战略合作进程的负面舆论和声音。因此，作为东盟和亚太地区具有影响力的两个亚洲大国，印尼和中国必须协同合作和协调各自的力量，以应对亚太地区的地缘政治、地缘战略和安全挑战，并确保全球和平与安全。

全球视野下的波兰与中国关系

赛熙军

　　赛熙军，2018年1月至2023年8月担任波兰驻华大使，生于1963年，1987年毕业于卢布林天主教大学历史系，获硕士学位，1999年获波兰科学院政治学研究所政治学博士学位，在波兰外交部先后担任东部邻国司司长（2004—2007年）和战略与规划司司长（2014—2018年），曾担任波兰驻罗马尼亚大使（2008—2010年）和驻俄罗斯大使（2010—2014年）。

得益于20世纪70年代末实施的改革开放政策，中国能够加入随后的全球化浪潮并从中获益。几十年的快速经济增长使中国在相对较短的时间内提高了在世界经济格局和国际关系中的地位。截至目前，中国对世界各国的影响是多方面的，这种影响不仅是因为中国的经济规模及其与各国的贸易联系，还更多是由于一些定性因素，如中国的先进技术和对创新的追求。在本文中，我想就中国在全球化、国际贸易和应对气候变化中发挥的作用发表一些看法。我将从波兰的角度阐述。

一、全球化、贸易与气候

虽然可以通过不同的指标来衡量中国日益增长的经济和政治影响力，但总体评估可能会侧重于中国在全球化进程中发挥的重要作用。借助在国际生产链中的重要地位，中国极大地拓展了贸易联系，并在世界运输链中处于中心地位。对外投资的扩大，外加金融市场上不断增强的存在感，使许多中国企业能够在各大洲开展业务，并成为很多人日常生活的一部分。中国有志于成为全球创新和技术中心，因此在世界许多地方，它已采取发达国家的眼光看待问题。

中国提出雄心勃勃的"一带一路"倡议，说明其也开始认真思考世界范围内的基础设施需求。在中国的发展进程和已取得成就的支持下，这种魄力不出所料地让许多国家产生了很高的期望。然而，仅凭某一个国家，即使是中国，也远远无法满足全球对基础设施的需求。无论是双边合作还是多边合作，都离不开建立在可持续和可预测基础上的互信。低于预期的回报不单会阻碍具体项目的实施，因此充分考虑广泛的利益相关方的需求以建立良好的合作氛围至关重要。

在合作解决气候问题上，世界各国经不起失败，因为自然环境恶化带来的挑战将影响每个国家，并造成重大损失。为了获得成功，我们需要建立强有力的国际框架，以打破目前限制单个国家行动的经济和政治约束。相关问题的性质复杂，因此需要系统性的解决方案，同样重要的是要确保能够严格落实。

要实施任何有意义的缓解气候变化的影响的行动，都不能缺少中国这个合作伙伴。我们已经看到，中国在这方面进行了大量投资，而在2060年前实现碳中和等承诺则进一步表明了中国领导人的决心。此外，作为绿色技术和可再生能源领域的领跑者，中国也可以支持其他国家努力改善自身环境状况。只要我们能与所有参与者共同合作，就能够为开展有效的多边合作奠定坚实基础。

二、新冠疫情

新冠疫情让我们再次意识到了人类的脆弱性，我们需要重新评估在不同领域面临的风险，包括国际经济关系领域。由于疫情仍在世界大部分地区肆虐，各国政府的注意力仍主要集中在公共卫生领域，因此现在下结论、对未来提出建议还为时过早。尽管如此，一些对疫情早期发展形势的初步观察已有相当明确的结论。最重要的是，在2020年，并非所有事情都能一帆风顺。

这种未知的疾病传播速度如此之快、传播范围如此之广，让许多政府不仅放弃了多边合作，甚至放弃了双边合作。各国政府开始自说自话，彼此往往也不会协调。限制国际旅行尤其是取消航班，导致许多国际交流陷入停滞，由此导致的交通不畅使得医疗设备匮乏问题雪上加霜。随着时间的推移，人们已着手应对一些挑战，但许多问题仍有待解决。

新冠疫苗研发的速度空前之快，给人类带来了希望，但同时各国也再次面临一个挑战：如何生产和分配疫苗。新冠病毒本身的变异性，意味着它将带来不可避免的破坏。这一点，再加上各国在疫苗接种方面的进展不同，意味着全球经济复苏的速度可能比预期的要慢，区域经济一体化——而不是全球层面的复苏——可能会得到加强。

中国似乎比其他国家恢复得更快，主要是得益于其迅速消除了可导致病毒传播的公共卫生风险。由于开展贸易和投资离不开各国之间的互联互通，因而在种程度上各国或许需要彻底重新评估人与人直接接触的风险，而不是经济发展的需要。有效地且广泛地使用疫苗将有助于各国政府完成这种困难的评估。虽然新冠疫情使多边主义面临危机，但看起来我们不能抛弃国际协调。

三、波中关系

波兰愿与中国在上述所有领域开展合作，因为我们意识到推动全球经济复苏离不开与中国的合作。虽然由于旅行限制和保持社交距离的防疫原则，新冠疫情极大地影响了国际交流的正常开展，但我认为波中两国成功地克服了这一挑战，因为两国在疫情期间依旧设法继续加强政治与经济交流。波兰总统安杰伊·杜达（Andrzej Duda）与习近平主席互通电话，总理马特乌什·莫拉维茨基（Mateusz Morawiecki）也与李克强总理举行了会谈。两国外交部长也举行了电话会谈。2020年，中国一直是我们最大的医疗设备和防护装备的来源国之一。虽然波兰视波中双边关系和欧盟—中国关系为优先事务，但中国—中东欧国家合作是我们与中国开展广泛合作议程中的一部分。2021年2月在北京举行的中国—中东欧国家领导人峰会，证实了新冠疫情并未阻止我们寻求务实的合作方式。

新冠疫情全球肆虐要求各国深入探索如何实现经济复苏，而多边合作无疑是有巨大潜力的领域。波兰积极参与了《中欧全面投资协定》以及《中欧合作2025战略规划》的筹备工作。这表明，波兰与其他欧盟国家一道向中国展示和分享了诸多机遇。考虑到这一点，波兰和中国可以在从物流到绿色技术等诸多领域加强合作。

从更广泛的角度来看，首先必须指出的是，虽然在1989年政治变革后期，以及2004年加入欧盟之前，我们一直更注重国内问题，但大约从10年前开始，波兰重返东亚。这一进程的标志之一是波兰于2011年与中国建立战略伙伴关系，并在2016年将其进一步提升为全面战略伙伴关系。此后，波中两国在经贸、科教、文化与人文交流等领域的合作稳步发展，取得了务实成果。如今，波兰和中国在许多不同领域都紧密合作，产业链从东亚延伸到欧洲。因此，两国应密切合作，创造有助于所有利益相关方实现可持续增长的经济环境。

从波兰的角度来看，两国最有前景的合作领域之一是互联互通。实际上，在撰写本文时，中国至欧盟的铁路运输集装箱中有85%—90%途经波兰—白俄罗斯边境（欧盟外部边境）的马拉舍维奇。2020年，这一运输线上的集装箱数量显著增加，从2019年的9.7万个增加到2020年的15.5万个。我们认为这是个积极的现象。由于欧洲的主要运输走廊在波兰交汇，无论是东西向还是南北向的，因此波兰在欧洲运输和物流领域拥有稳固地位。从这个角度来看，将货物从中国运往欧洲，或者从欧洲运往中国，都可以提高我们的竞争力。这不仅可以通过货运列车来实现，还能够通过海运来实现——波罗的海第二大集装箱港口格但斯克已经开设直达中国的航线，或者通过空运到达波兰机场。在我们看来，我们应寻求与欧洲及其周边以外的国家建立协同关系。考虑到这一点，波兰愿与中国合作，加强欧洲与亚洲的互联互通。

在这一点上，最大的挑战可能在于转变思维方式。因为几个世纪以来，海上运输一直是欧洲向亚洲输送货物的主要方式。但从成都到罗兹的火车班列已经证明，欧洲和亚洲之间的陆路连通不仅具有技术上的可行性，而且有客户需要这类需求。但若要充分利用其潜力，就需要发掘不同的商机，并升级现有铁路和物流基础设施。

中欧班列越来越受欢迎，因此波兰政府已经对马拉舍维奇地区的铁路基础设施进行了大量投资，进一步的准备工作也已做得非常充分。其他地方也是如此，比如斯瓦夫库夫，该市拥有欧盟最大的铁路货运站，使用宽轨铁路线路（俄罗斯、白俄罗斯和哈萨克斯坦也使用这种铁路），减少了更换轨距需要的时间。所有这些项目都由波兰政府和企业提供资金，在某些情况下还有欧盟的资金支持。目前，我们还未见到中国对波兰的铁路建设进行大量直接投资，但中国企业已对物流领域表现出初步兴趣。我们对此表示欢迎，并鼓励中国伙伴从更广泛的角度审视波兰，不仅在双边贸易和投资方面，而且可以将波兰当作向欧洲拓展商业活动的基地。

但是，为了充分发掘铁路运输潜力，我们应该使其长期永续发展。波兰不仅应成为中欧班列进入欧洲的第一站，而且应成为运往中国的欧洲（包括波兰）货物出关欧洲的最后一站。这样一来，中欧班列就可以作为一种可靠的、具有成本效益的运输方式，对空运和海运形成补充。安杰伊·杜达总统与习近平主席高度重视互联互通，习主席在北京峰会上指出发展中欧班列是充分释放两国合作潜力的必要条件。

自2020年初以来，各国一直受到新冠疫情困扰。这场公共卫生危机不仅给人类带来了几十年未见的挑战，还凸显和在某种条件下加速一些已有趋势的发展。一些国家更加推行产业链本土化，标志着逆全球化愈演愈烈、国际贸易发展遭遇瓶颈，再加上气候变化带来的迫切需求，它们都成为这些趋势正在加强的明证。这也表明，各国需要共同维护基于规则的多边体系，以有效应对全球性问题。为了应对上述所有挑战，世界需要中国，中国同样需要世界。在思考疫情后的经济复苏和世界秩序方面，这一点显得尤为重要。

新冠疫情的威胁促使各国政府单方面采取各种措施，以保护本国公民的生命和健康。然而，尽管这些措施有助于战胜公共卫生危机，但它们给国内经济增长和国际经济合作带来了负面影响。幸运的是，随着时间的推移，我们对病毒有了更多了解，可以相应地调整一些政策。不过，最关键的是，我们应该确保经济复苏既要快，又能持久，否则经济复苏带来的好处只会是昙花一现，甚至可能会在未来造成更多困难。

中国、泰国与全球化

阿塔育·习萨目

　　阿塔育·习萨目，2019—2023年担任泰国驻华大使，来自曼谷，获美国蒙莫斯学院理学学士学位、芝加哥大学（伊利诺伊州）文学硕士学位，1988年任职于泰国外交部东盟事务司，历任泰国驻奥地利、斯洛伐克和斯洛文尼亚大使，常驻联合国及多个国际机构维也纳办事处代表。

关于全球化的描述强调了人员、信息、技术、资本和思想的跨国流动。[1] 虽然全球化是把双刃剑，但总体而言它对所有参与者都产生了积极影响、促进了各自繁荣。全球化增加了商品和服务的生产，为共同繁荣创造了更大的"蛋糕"。

然而，"变化"仍是全球化的基本特征之一，是全球环境永不停歇的变革中的"常数"。

当人走出自己的洞穴，开始与其他洞穴中的人打交道时，全球化的雏形就产生了。过去几个世纪里，全球化的速度大大加快，其规模之大是"摩尔定律"或任何超级计算机所无法比拟的。

然而，2020—2021年，全球化的动力明显减弱。在过去几个世纪中，全球化发展迅猛，但在过去一年里，全球化几乎举步维艰。过去，全球化就像乘坐喷气式飞机，而如今就像乘坐螺旋桨飞机。

在这短短的时间内，世界经济发展不仅放缓，全球不确定性也在增加。这是一个全球性的现象，影响到所有人群、所有国家、所有大陆，成为当今世界的新常态。这种日益增长的不确定性加剧了许多国家人民的恐惧和焦虑。但在可预见的未来，这种新常态将一直伴随着我们。

我们面临的挑战是如何在这种不确定的国际形势中推动亚洲的可持续发展。

一、亚洲的崛起

历史上亚洲就曾有过辉煌时期。古代中国资源丰富、人口众

---

[1] Arjun Appadurai, *Modernity at Large: Cultural Dimensions of Globalization* (Minneapolis: University of Minnesota Press, 1996).

多、文明发达，令世界羡慕，被称为"中央之国"。二战后，日本崛起成为经济超级大国，掀起了现代亚洲经济增长的第一次浪潮，推动了包括泰国在内的亚洲许多其他国家的工业产出和经济增长。根据世界银行的数据，在稳定的政府和强有力的经济政策的推动下，外加日本在汽车、电子和基础设施领域的投资流入，1985—1994年，泰国成为世界上增长最快的经济体。在此期间，泰国人均实际国内生产总值平均每年增长8.2%，[1] 外国直接投资大量涌入泰国。

20世纪70年代末，中国开始实施改革开放政策，而泰国是第一批进入中国市场的国家之一。第一家在华投资的外商企业——正大康地（深圳）有限公司[2] 获得深圳市0001号外资企业批准证书，正大集团由此开启"中国之旅"。泰国对外贸易经济合作部的数据显示，1978—2002年，泰国在华投资项目3129个，合同成交额达56亿美元。[3]

20世纪90年代，亚洲掀起了第二次经济增长浪潮，以"亚洲四小龙"——韩国、中国台湾、中国香港和新加坡为首。到21世纪初，这些国家和地区已经高度工业化、迈入高收入行列。

自1978年对外开放以来，过去40多年里，中国实行宽松的政策，引入大量外资。自20世纪90年代末开始，中国引领了亚洲的第三次经济增长浪潮。通过"双赢"原则和包容性政策、"一带一路"倡议、亚洲基础设施投资银行和其他支持性措施，中国

---

① Pasuk Phongpaichit, "The Thail Economy in the Mid-1990s," *Southeast Asian Affairs* 27 (1996): 369–381, Jstor, www.jstor.org/stable/27912162，accessed May 31, 2021.

② 现正大康地农牧集团。

③ Sompop Manarungsan, "Thailand-China Cooperation in Trade, Investment and Official Development Assistance," www.ide.go.jp/library/English/Publish/Download/Brc/pdf/01_thailandandchina.pdf.

现已成为推动其他国家经济增长的动力。

二、"中泰一家亲"

从历史上看，泰中之间的跨境移民和两国对经济机会的探索是推动两国人民建立牢固联系的主要因素之一。在泰国东北部发现的距今1800—5000年的"班清"陶器，可能源自宋朝时期的中国中部。此外，相关史料中还记载了13世纪以来元朝和素可泰王朝之间的贸易活动。

从区域层面来看，2021年是东盟—中国建立对话关系30周年。自1991年以来，这种关系已发展成为涵盖所有合作领域的全面战略伙伴关系，促进了东南亚各国与中国的密切合作，这最终使得东盟和中国成为彼此最大的贸易伙伴和旅游目的地。1967年，泰国作为创始成员国参与组建了东盟，泰国为能对这一伙伴关系的发展作出贡献感到自豪。2012—2015年，泰国担任中国—东盟关系协调国，而我担任东盟事务总干事一职，其间，有许多里程碑式的事件值得称道，如2012年在北京举行的东盟—中国中心的成立会议，2012年中国常驻东盟代表团举行的开馆仪式，2013年东盟—中国战略伙伴关系十周年庆祝活动，以及2013年启动的"南海行为准则"磋商。此外，还包括2013年发起的"一带一路"倡议强调互联互通，2015年成立的亚洲基础设施投资银行为亚洲和其他地区的基础设施和互联互通项目提供资金，以及2015年发起的澜沧江—湄公河合作促进湄公河沿岸国家3.3亿人之间更密切的合作。

三、《区域全面经济伙伴关系协定》

《区域全面经济伙伴关系协定》的构想于2011年提出。泰国在2019年担任东盟轮值主席国期间，为推动协定的成功签署作出了巨大努力。其间，泰国经常主持召开每月的贸易谈判会议，以推动谈判尽快完成。最终，2019年11月4日，在曼谷举行的第35届东盟峰会闭幕时，与会领导人见证了协定实质性谈判的结束。2020年11月15日，第四次《区域全面经济伙伴关系协定》领导人会议以视频方式举行，由越南主持。会后15个成员国正式签署该协定，该协定将在由至少6个东盟国家和3个非东盟国家签署批准后60天生效。

《区域全面经济伙伴关系协定》15个成员国的人口约占世界人口的30%（22亿人），国内生产总值占全球的30%（截至2020年），该协定是史上最大的贸易协定。1992年，泰国提出建立东盟自由贸易区，经过不断发展，东盟国内生产总值从2000年的6000亿美元增加到2010年的1.9万亿美元，再增加到2020年的3.2万亿美元。

在过去十多年里，东盟始终是东盟各个成员国最大的贸易伙伴，也是中国最大的贸易伙伴。很难想象更大的单一市场将会给成员国带来多大的发展潜力。

《区域全面经济伙伴关系协定》不是一个新概念，而是成员国之间现有双边自由贸易协定多年的结晶。无疑这是一个升级版的自由贸易协定，不仅涵盖贸易、投资和服务等新领域，而且涵盖标准和技术、技术合作、知识产权和电子商务等新部门。协定区域不仅拥有全球最多的人口和最高的国内生产总值，还有着最多样化的成员结构，因为签署国建立的是不同的经济模式。该协定旨在帮助统一供应链和标准，降低出口成本，减少非贸易壁垒。

协定地区不仅拥有丰富的自然资源，还是全球制造业基地。该地区制造业产出占全球50%，汽车产量占全球50%，电子产品产量高达全球70%。

在投资领域，协定区域占全球外国直接投资存量的16%、占全球外国直接投资流量的24%以上，并且直到去年（2020年）还呈持续上升趋势。更重要的是，根据协定规定，约92%的商品关税将在20年内被取消，非关税壁垒也将会减少。这将更加便利成员国产品进入彼此的市场，进一步最大限度地发挥该地区互联互通倡议的潜力，包括中国的"一带一路"倡议，以加强疫情后经济复苏时的区域供应链建设。

可以说，《区域全面经济伙伴关系协定》还将涉及所有群体，不仅是企业，还有消费者、农民、银行家，特别是未来一代。协定达成之日，正值经济形势极其不稳定之时。新冠疫情导致2020年外国直接投资下降30%—40%。协定的生效将吸引更多区域外投资，即使在疫情肆虐全球的背景下，这也将有助于减少疫情对本地区经济造成的影响。协定能够成为后疫情时代经济复苏的源泉，这将有助于确保市场的开放和供应链的畅通。

事实上，协定似乎是亚洲第一、第二、第三次经济增长浪潮的综合体，在如今全球化停滞不前的时代定能发挥积极作用。

四、超越贸易层面

全球经济秩序的变化不只发生在贸易领域。英国脱欧释放了一个强烈信号：全球化是可逆的。欧盟从简单的欧洲煤钢共同体发展而来，一度被美化为区域一体化的典范。然而，在经历十年债务危机、宽松的货币政策、政治不稳定和移民问题后，未来欧盟是否能够实现繁荣统一成为悬而未决的问题。

除了贸易和金融领域的不确定性，现代技术的影响正日益增长。十年前，人工智能（AI）、物联网（IoT）和金融科技等术语更多被视为新奇的想法，难以想象如今会成为现实。如今，这些技术正在经历指数级增长。更重要的是，这些技术的发展使得技术和数字密集型工作逐步取代了传统工作，要求相关从业者彻底重新建立基本工作技能。世界经济论坛创始人兼执行主席克劳斯·施瓦布（Klaus Schwab）教授将这些现象称为第四次工业革命。德国政府称之为"工业4.0"，我们称之为"泰国4.0"，而日本人则称之为"社会5.0"。但不管怎么称呼它，我们都有一个共同的担忧，即用"高技能/高薪"的工人取代"低技能/低薪"的工人，将不可避免地加剧社会紧张。民粹主义赖以生存的基础正是这种微妙的形势。民族主义和"铁锈带"政治在西方世界得到支持清楚地表明，大众对技术和全球主义存在高度的焦虑和不信任。

全球主义正处在包容性和不平等的十字路口。2015年诺贝尔经济学奖得主安格斯·迪顿教授在《逃离不平等》一书中展示了几个世纪前发生于当今发达国家的创新和持续增长是如何导致全球不平等的。[①]这种非包容性增长导致贫富差距扩大。如今，创新和技术再次加剧了全球不平等。但这一次，我们应该从历史中吸取教训。亚洲必须拥抱研究、开发和创新，同时要确保劳动力

---

① Angus Deaton, *The Great Escape—Health, Wealth, and the Origins of Inequality* (Princeton: Princeton University Press, 2015).

能够很好地适应不断变化的全球环境。

五、泰国的政策

像泰国这样的发展中国家，在经历几十年的快速增长后，如今正在经历经济增长的停滞或下降，面临的主要挑战是如何重振经济，从而跨过中等收入陷阱的"坎"。面对出生率下降和人口迅速老龄化，泰国政府已着手通过升级整体基础设施和运输网络来复兴泰国经济，包括建设高速铁路和扩大海港规模、改革教育体系、优化生产体系，从而助力泰国迈向4.0时代。重振经济的核心是建设好东部经济走廊（EEC），泰国政府将在未来5年内对其投资400亿美元。

亚洲还需要注重人力资本发展。要想在快速变化和高度不确定的地缘政治环境中发展，亚洲需要一支能够良好适应这种变化环境的劳动力队伍。在市场越来越要求使用现代数字技术的今天，各国将越来越需要在生产线中应用科技和创新。事实上，有人可能声称，我们的工作和运营的方式都将发生重大转变。区域劳动力将需要根本性地转变技能。因此，我们迫切需要培养技能、开展职业培训、促进STEM教育和提升数字素养，以提高生产力与竞争力、实现转型，适应未来的技术发展趋势。我们尤其需要重点关注价值链整合，通过设立人力资源开发中心，使用创造和创新，为中小企业和初创企业培养高技能人才构建生态系统，有助于实现这一点。

在此背景下，泰国有意与东北亚国家合作，在东南亚大陆开发由柬埔寨、老挝、缅甸、越南和泰国（也称为大湄公河次区域五国）组成的单一生产链。历史表明，现代技术能够帮助振兴该地区的次区域生产。加强单一生产链的互联互通将极大地促进东盟一体化，并将东盟大陆整合为一个单一的市场和生产基地。在过去十年中，单一生产链市场一直以每年7%—8%的速度增长。随着内部互联互通更加紧密以及与东盟和亚太市场联系的加强，单一生产链将补全全球供应链，并为全球化的未来发展作出贡献。2018年，泰国在担任类似次区域框架——伊洛瓦底江、湄南河及湄公河经济合作战略组织（ACMECS）主席国期间，通过《2019—2023年伊洛瓦底江、湄南河及湄公河经济合作战略组织总体规划》，旨在迅速变化的全球化和区域地缘政治背景下，开展更强大、更具包容性的伊洛瓦底江、湄南河及湄公河经济合作战略组织次区域合作。该总体规划旨在推动必要的物理和数字基础设施建设，以支持现代东盟大陆经济发展。总体规划下的项目开发将与《东盟互联互通总体规划2025》互为补充，并将东盟大陆转变为印度洋和太平洋之间事实上的"陆地桥梁"，将印度和中国这两个最大的经济体连接起来。通过与外部发展伙伴合作，伊洛瓦底江、湄南河及湄公河经济合作战略组织有意将大湄公河次区域建设成为具有人文关怀的包容性增长和全球化的基石。

面对全球形势的不确定性，亚洲必须加强合作、增强地区韧性，并承担越来越大的责任，成为亚洲经济复苏的主要引擎。亚洲经济的复苏将重振全球经济。而后，随着全球经济的增长，每个国家内部和各国之间的全球主义和新民族主义的两极分化将逐渐消失。因此，我们亚洲人肩负着亚洲和世界的希望，要为亚洲和世界开创一个和平与繁荣的新时代。为实现这一希望，中国作为一个工业和技术强国，是一剂不可或缺的催化剂。

六、东部经济走廊

泰国致力于在东部经济走廊地区推动新的创新产业发展,以吸引包括中国在内的合作伙伴投资我们所说的5个关键S曲线产业和5个新S曲线产业。

泰国东部经济走廊发展计划是泰国4.0经济模式下的区域发展倡议。投资者可以善用这一地区性发展倡议和泰国自20世纪80年代以来的主要工业中心,获得丰厚的投资回报。东部经济走廊是一个重要工业基地,东海岸现有的基础设施将进行升级和扩建,以吸引对高科技产业、创新和物流产业的新一轮投资。

泰国的战略地理优势将通过东部经济走廊的发展得到进一步加强。该地区正在进行大规模投资以升级基础设施。一条连接曼谷和东部经济走廊地区的高铁正在建设,将于2025年竣工。这条铁路是中国"一带一路"倡议的重要对接点之一,将把大湾区和东盟国家连接起来。作为一个主要门户,东部经济走廊不仅将成为东盟内部的连接中心,也将通过中国的"一带一路"倡议成为东南亚通往南亚、中东和欧洲的门户。东部经济走廊的一个发展重点是改善现有的连通性,促进制造业和创新产业的发展。在泰国政府的设想中,东部经济走廊将成为一个区域物流和运输枢纽,为多个行业提供贸易和供应链管理方面的竞争优势。

东部经济走廊是中国投资者的投资目的地之一。泰国投资委员会(BOI)的数据显示,2019年中国企业在东部经济走廊地区的投资超过10亿美元,同比增长87%。泰国投资委员会还预测,未来几年内中国将继续保持泰国五大外商投资来源国之首的地位。这很可能反映了东部经济走廊作为中国投资者区域供应链的一部分，发挥着关键作用。

七、生物循环和绿色经济模式

虽然东海岸项目的投资势头良好，但泰国并未忽视投资对当地社区的社会和环境影响。为在后新冠疫情时代更好地恢复经济，泰国寻求通过促进绿色和创新经济发展，以我国丰富的生物多样性和自然资源为基础，确保该地区的长期包容性和可持续增长。为此，泰国采取了生物循环和绿色经济模式（"BCG模式"）作为后疫情时代经济复苏战略。该经济模式利用科学、技术和创新来提高整个价值链上下游参与者的能力和竞争力，并通过在保护自然资源和创造价值之间取得平衡来推动向环境导向型经济转型。生物循环和绿色经济模式是生物经济学、循环经济学和绿色经济学的结合体，旨在通过加强当地社区的能力和优化新技术的使用，在整个供应链中对泰国的生物多样性加以利用。同时，在供应链上游，科研机构正在通过现代科学方法与技术以及本土创新来推动制造业和服务业的转型。我们希望同时推动生物经济、循环经济和绿色经济发展。简而言之，泰国计划通过创新和绿色发展来获得更多收益。

生物循环和绿色经济模式以普密蓬·阿杜德（Bhumibol Adulyadej）国王陛下的适度经济理念（SEP）为基础，其中适度的概念尤为重要。在这一理念下，经济发展应着重于利用现有资源进行生产并加强地方基础，以发展平衡的、稳定增长的和自给自足的经济。生物循环和绿色经济模式将通过推进可持续农业、清洁能源和负责任的消费与生产，确保对生物多样性的保护和可持续利用，保护环境和生态系统，实现可持续发展目标（SDGs）。

泰国在生物循环和绿色经济模式下，根据经济基础和优势，设置了四个战略领域，即食品和农业，医疗和健康，能源、材料和生物化学，以及旅游和创意经济。围绕上述领域，泰国希望在食品、健康、能源、就业和可持续自然资源与环境等关键领域实现全面发展。

泰国主张不超过环境承载能力的平衡发展，东部经济走廊支持符合生物循环和绿色经济模式的产业，如未来食品、医药、农业和生物技术等。在东部经济走廊投资生物循环和绿色经济模式行业将享受有利的法规。例如，涉及循环经济的法规已得到修订，可以直接将工业废物跨省运输到处理厂，从而将当地的环境风险降至最低。一个优秀案例是2020年10月在春武里府设立的泰国东部工业区，这是第一个年产值超过32亿美元的生物工业区。作为东部经济走廊的一部分，它一直在帮助农民开发优质产品以满足生物产业的需求，并在3年内为8000名当地人创造了稳定的收入和就业机会。

八、泰国菜：跨国互动的过程

泰国菜是几百年来跨国互动的产物。今天的泰国菜实际上是本土饮食与印度和中国烹饪传统的结合。泰国菜融合了东西方传统食材和香料。事实上，中国对泰国饮食有着深刻的影响。从烹饪方法到原材料，中国菜在许多方面都影响了泰国菜。① 截至2003年，海外共有6875家泰国餐馆，其中49%分布在美国和加

---

① Indulge Fusion Food (ed.), " Why Thai Food Has Become So Popular Worldwide," November 16, 2018, www.indulgebangkok.com/2018/08/13/why-thai-food-has-become-so-popular-worldwide/.

拿大，20%在欧洲，15%在澳大利亚和新西兰，14%在亚洲，2%在其他国家。[①]

泰国能够生产出这么多不同种类的优质水果，不仅是因为其地处热带。泰国食物和水果因其独有的特点和丰富的风味而在全球广受欢迎，其原料种类繁多。凯洛格商学院和萨辛管理学院开展过一项美食调查，要求受访者说出第一个想到的"民族美食"，其中泰国菜排在第四位——仅次于意大利菜、法国菜和中国菜。当人们被问及"你最喜欢的美食是什么"时，[②] 泰国菜排在意大利菜、法国菜、日本菜、中国菜和印度菜之后，位居第六。在国际上推广泰国菜时，泰国政府将标准化和质量置于首位。泰国政府的"世界厨房"项目已经推行十几年，进一步推动了泰国菜的全球化。泰国菜的国际化体现了泰国文化和经济的全球化，拉近了泰国与全球人民包括中国人民的距离。

九、文化与旅游

全球化与旅游业息息相关。全球化不仅存在于旅游业的供给方面，而且决定了世界各地旅游业日益相互关联的需求。换言之，要讨论泰国人和中国人之间的互联互通几乎不可能绕过旅游业的贡献。过去几十年里，泰中人文交流大大加强。在新冠疫情暴发前，每周有超过2700架次航班往返于泰中两国之间，泰中航线每月运力投放超过200万座。几年来，中国游客一直位居最常

[①]　Sirijit Sunanta, "The Globalization of Thai Cuisine," October 14, 2005, citeseerx.ist.psu.edu/viewdoc/download?doi=10.1.1.404.1934&rep=rep1&type=pdf.

[②]　Ibid.

赴泰旅游的游客名单之首。[①] 2019年，中国赴泰国游客人数约为1099万人次，比2012年增长近4倍。同时，约87万人次泰国游客前往中国，较2018年增长4.6%。[②] 在医疗和健康服务领域，泰国也是一个首选目的地。事实上，医疗旅游行业是泰国增长最快的服务行业之一。全球健康研究所2017年的数据显示，泰国在亚太十大健康旅游市场中排在第四位，在全球二十大健康旅游市场中排在第十三位。截至2019年，泰国共有66家医院和诊所获得国际联合委员会认证，符合JCI世界级标准，数量居亚洲首位，在世界上排在第四位。

泰中文化交流也是跨文化交流的一个重要方面，加强了两国人民的联系。据估计，泰国人口中约有11%—14%是华裔。两国人民互动密切，地缘相近，特别是东盟互联互通总体规划和"一带一路"倡议更拉近了两国人民的联系，我们希望这种伙伴关系能迈上新台阶。2021年，中国仍是泰国最大贸易伙伴和最大外国投资来源国。泰国是中国在东盟国家中的第三大贸易伙伴，也是中国在世界上的第十三大贸易伙伴。当然，泰中投资者还有更大的合作空间，可为促进两国的互利共赢、共同繁荣作出贡献。

数百年来，中泰两国一直保持友好关系。随着互联网的不断发展，近年来泰剧在中国越来越受欢迎。2015年的调查显示，超

---

① "Over the Past Five Years, the Number of Weekly Flights between China and Thailand Rosed from 500 to 2700," 转引自《封面新闻》，2018年7月30日，https://www.toutiao.com/i658379080804425245191/?tt_from=weixin&utm_campaign=client_share&wxshare_count=1&timestamp=1622277464&app=news_article&utm_source=weixin&utm_medium=toutiao_android&use_new_style=1&req_id=20210529163744010212040522B409769&share_token=cde9aea7-daa3-4486-9872-cfbb12d8bd2f&group_id=6583790804425245191。

② "Thailand and China Special Edition Dedicated to the 45th Anniversary of the Establishment of Diplomatic Relation between Thailand and China," 2019.

过51%的中国赴泰游客观看过泰国电视剧。① 网络视频平台的快速发展使中国观众能够更便捷地观看更多泰剧。同样，中国电视剧也越来越受泰国年轻观众的欢迎。这些数字平台已经成为推广泰中文化艺术的载体，自然而然地加强了两国文化的融合与交流。

如今，中泰两国是全面战略合作伙伴。展望未来，两国关系在许多领域都有进一步发展和深化的空间，尤其是在贸易和投资、科学、技术和创新、产业关联、消除贫困、公共卫生、教育以及通过区域联系和"一带一路"倡议实现互联互通方面。在两国努力实施各自发展战略的同时，相互合作、相互尊重与相互理解仍是两国人民形成更紧密联系的基础。

---

① Shi Yaxin, " An Analysis of the Popularity of Thai Television Drama in China, 2014–2019," quoted in *Proceedings of the 2020 3rd International Conference on Humanities Education and Social Science*, ICHESS 2020, Vol. 296, 2000, doi:10.2991/assehr.k.201214.587/.

附录　多国驻华大使在全球化智库活动上的发言集锦

关于21世纪青年与领导力的思考[*]

鲍达民

　　在接下来的几分钟里，我想重点谈谈什么是领导力。我认为，鉴于世界上正在发生的所有变化，我们对领导力需要具备的要素进行了很好的概括。当我还是个商人时，我坚持每天要见两位领导者，这一原则我坚持了9年。我在担任企业CEO时，每天见的那些领导者来自公共部门、私营部门和社会部门^①。今天，我也想尝试坚持这个原则，因为在座的有许多是领导者。

　　一开始，我想问在座的领导者两个问题。第一，最让你兴奋的三件事是什么？第二，最重要的问题是，假如时光能够倒流，你会教导年轻时的自己或21岁的自己什么？这两个问题是我想讨论的内容的基础。我还要强调，管理和领导力之间存在很大差异。领导力意味着你需要突破界限，需要挑战正统观念，需要让人们朝着同一个方向走，这意味着你需要做一些超出自己舒适区的事情来改善情形。

　　细细回想，我所听到的领导者们反思自己年轻时的行为时最

---

　　* 改编自加拿大驻华大使鲍达民（Dominic Barton）在"国际青年领袖对话项目"启动仪式上的演讲（2020年12月），经大使本人审阅。

　　① 公共和私营部门之外的事业体，一般以社会公益为目的。——译者注

常谈论的三件事都与人有关。这些领导者表示，如果能够回到过去，他们会更早地更新组织的血液。虽然这种做法听起来有点不近人情，但他们确实会这么做。他们会更快地吸收年轻人，他们会花更多时间与人相处。因为只有有了人的存在，故事才能继续。如果没人愿意和你一起工作，没有追随者，你就不能成为一个领导者。如果试图解读花时间与人相处意味着什么，以及你需要专注于什么，我还想再讲三件事。

这三件事实际上都绕不开习惯、经验和学习。作为领导力领域的学生，至少从我的个人经验来看，当我观察领导者时，我发现他们通常会有一套明确的习惯或操作模式来做事。这都是非常基本的事情，但很多人忽视了这一点。

具体而言，这些事包括提前做好周计划，但做周计划并不是根据日历而是根据事务的优先级。在未来五年里，你想在自己的组织中实现哪些目标？如果你的目标超过了五个，那可能就太多了。你需要知道自己目前想实现的目标是什么，以及该如何协调本周的活动安排。因为大多数领导者可能会被各种议题和活动缠身，导致没有时间来实施周计划。因此，有效领导力的关键要素是要思考自己的操作模式、要知道如何制订周计划、如何为自己争取时间，以便能够思考、反思和行动，而非仅仅作出反应。

坦率地说，要想做到这些需要成为一个有趣的人。实际上，我见过的大多数令人印象深刻的领导者都是很有趣的人。他们不是工作狂，会参与社区生活，有自己的兴趣爱好，他们很有趣。如果只会埋头工作，那你就很难成为一个有趣的人，人们就不会想和你一起工作。

你还需要思考如何管理自己的精力。我认为，作为一个领导者，需要考虑的不是时间管理，而是精力管理。时间永远都不够用。因此，看看一周的日程，哪些事能给你充电，又有哪些事让你精疲力尽？

在经验方面，我发现，那些成长最快的领导者通常都有多种不同的领导经验。一个人不会骤然成为一个领导者。并不是被"任命"为组织的CEO或领导，你就自然拥有领导能力。是日积月累的经验让你成为领导者。因此，不管团队规模多小，你都应抓住机会去负责一些事务，并学会与同事分工合作，这对你的发展大有裨益。

获得国际经验是培养领导力的基本要素。从个人经验来说，每当我到一个新地方，我就能学到特别多的东西，我的导师主要是一些亚洲领导者——韩国银行家、韩国政府领导人、上海市市长、中国的一些党委书记、新加坡领导人——当你与这些人一起工作时，你会学到完全不同的东西，如他们是如何看待世界以及他们认为世界是如何运转的。尽可能早地获得这些国际经验至关重要。

最后，我想说，领导力是至关重要的。如何发挥领导力是一个非常根本的挑战，我想我会敦促所有人去研究这个问题，以便我们都能成为最高效的领导者。

激励中国企业投资非洲的必要性*

特肖梅·托加

在当前的环境下，像今天这样的讨论和接触极其重要，因为我们谈论的是中非伙伴关系。在目前的中非伙伴关系中，统计数据清晰地表明，中国是非洲的主要贸易伙伴和外国直接投资主要来源国，当然，中国也是主要的培训项目和奖学金提供者。

现在的问题是，许多第三方国家正在为中非伙伴关系设定叙事，而我们则一直被这些叙事困扰。我认为我们是时候为中非伙伴关系设定一个新叙事了。我们必须制定出自己的议程。我们不会无视那些试图分散我们注意力的人，但我认为我们必须集中精力制定我们自己的议程。事实是，当新冠疫情在中国发生时，非洲坚定地与中国站在一起，而当新冠疫情波及非洲时，中国同样向非洲伸出援手，并且一直在向非洲提供支持。

接下来，我想就两个主要问题谈谈我的看法。第一，是人道主义工作，我们需要在非洲遏制新冠疫情，这点毋庸置疑。否则，就会有一个缺失的环节，因为如前所述，除非非洲的形势好转，否则我们就不能来中国。现在，中国的疫情已经得到控制，

* 改编自埃塞俄比亚驻华大使特肖梅·托加在"中非对话：疫情下的挑战与合作机遇"论坛上的演讲（2020年8月），经大使本人审阅。

而非洲正在与疫情抗争，所以我们需要切实填补好这个缺失的环节。第二，除了人道主义问题，在经历新冠疫情带来的巨大冲击后，如果非洲想要实现经济与社会的长期复苏和可持续发展，中国将是最佳合作伙伴！我毫不怀疑，面对新冠疫情，许多地区和国家都将注意力转向国内；对非洲来说，要战胜当前的经济挑战，中国是唯一能够真正与非洲合作的经济伙伴。

最后，我想提几个具体建议。第一，债务减免是件好事，它缓解了我们目前的困境。但正如前面提到的，这显然只是沧海一粟，我完全同意这种看法。我们正在二十国集团债务减免机制框架下与中国谈判，但这还远远不够。我们需要的是更多的资本注入和更多的刺激计划，因为许多非洲经济体并没有满负荷生产，在非洲开展经营活动的大多数中国企业也没有满负荷生产。它们真的需要资本支持，而非洲各经济体，包括埃塞俄比亚在内，都需要一揽子刺激计划。第二，为非洲商品进入中国市场和更方便与中国开展贸易提供便利。当然，说到贸易，有两个重要的问题需要考虑。一个是前面的发言嘉宾提到的，我们面临着供给侧的结构性问题。但与此同时，增值对非洲商品来说也是一个非常关键的问题。也就是说，在新冠疫情期间和疫情过后，更加便利的市场准入对非洲而言至关重要。

那么，我们如何才能真正鼓励更多中国企业赴非洲开展业务、对非洲进行投资呢？只有通过投资和加强商业合作，才能为年轻人创造就业机会。那么，我们该如何与中国开展合作，从中国获得更多投资呢？正是因为如今各国都在采取单边措施，所以才出现这一系列问题。因此，不仅中非之间，中国与世界其他国家之间也极其需要协调。我们中的许多人仍然在用传统方法出售和购买货物。因此，技术的使用与转让极为关键和重要。那么我们如何才能与中国合作，获得技术转让呢？

　　我想说的最后一点是在华非洲留学生的培训和教育问题。据我所知，中国目前已承诺提供大约1.5万个留学奖学金名额。人力资本和人力资源开发是推动非洲发展的关键因素。因此，我们希望我们的学生能够获得更加深入的科学、技术、工程以及技能等方面的培训。中国有能力向非洲学生提供更多奖学金，这不仅可以帮助非洲，也符合中国的最佳利益。中国在非洲是有利益空间的。中国在转型和抗击新冠疫情方面都可为非洲所借鉴。我相信我们能够共同努力战胜这一挑战。

升级自由贸易区，深化双边与多边贸易 *

傅关汉

　　我将谈谈亚太地区的双边和多边谈判。中国一直非常积极地在亚太地区搭建广泛的贸易协定网络。最重要的协定也许是中国与东盟签署的自由贸易协定，该协定已实施十多年。中国也积极致力于达成新的贸易协定，包括由澳大利亚、东盟、新西兰、日本和韩国等经济体参与签署的《区域全面经济伙伴关系协定》。该协定的谈判已接近尾声，我们期待11月份能完成谈判，该协定将通过在参与国之间建立共同的货物贸易规则来促进形成区域生产链。在全球局势极度紧张之际，该协定的签署将发出支持贸易自由化和基于规则的贸易体制的重要信号。

　　《中澳自由贸易协定》于2015年底生效。该协定成功地促进了两国贸易发展。生效5年来，双边贸易总额增长了66%。自2019年初以来，所有中国产品都可以免关税进入澳大利亚市场，同时，几乎所有澳大利亚产品也可以免关税进入中国市场。

　　今天下午，我要提出的主要建议是，中国应继续深化和扩大其自由贸易协定承诺。澳大利亚的经验是，我们从追求全面的高

　　* 改编自澳大利亚驻华大使傅关汉（Graham Fletcher）在第七届中国企业全球化论坛上的演讲（2020年9月），经大使本人审阅。

标准自由贸易协定中获益。自由贸易协定不仅涉及关税，而且涉及非关税措施和其他影响贸易的边境措施。

我们认为，中国可以通过多种途径深化自由贸易协定承诺来解决非关税措施问题。第一，提高自由贸易协定谈判目标。鉴于中国的外资立法现在是以负面清单的形式构建的，中国可以在自由贸易协定中囊括服务和投资负面清单谈判。第二，升级现有自由贸易协定。去年（2019年）中国与新西兰升级了自由贸易协定，纳入了一些贸易便利化措施，但尚未开始实施。根据《中澳自由贸易协定》，两国也有一个机制来审查该协定并根据需要升级，我们期待能够实现这一点。我们还未能与中国商务部商定时间来启动这一进程。

当中国与某一国家的谈判取得进展时，我们希望这些进展也能同时惠及其他贸易伙伴。例如，在中美第一阶段经贸协议中，中国承诺在一些领域取消限制，特别是在农产品进口方面，我们非常希望这些变化也能适用于其他贸易伙伴，如澳大利亚和在座诸位的国家。虽然大量媒体报道都集中在该协议下的采购目标是否正在达成（或没有达成），但我们和其他外国出口商更感兴趣的是获得与美国相当的待遇。

最后，虽然新冠疫情无疑是目前各国政府亟须应对的首要任务，但我们也不想忽视我们在贸易领域的其他目标，以及通过谈判达成更好的自由贸易协定来推进共同繁荣。

国际对话、人文交流和
对等原则对维护以规则为基础的
多边贸易体制至关重要*

贺伟民

女士们、先生们，尊敬的各位来宾，非常感谢邀请我参加此次圆桌讨论。

在疫情肆虐和持续的国际贸易紧张局势下，此类讨论和思想交流的重要性不可低估。

让我先来谈谈世界贸易组织第十二届部长级会议。一个多月前，在全球化智库举办的中国与全球化论坛上，我讲到荷兰始终如一地坚定支持基于规则的多边贸易体制。不幸的是，这个体制目前备受压力，执行规则受到阻碍，一些人认为它不能带来贸易公平。

我认为我们需要捍卫这个体制，确保在世界贸易组织框架下以公平透明的方式解决冲突。这需要所有贸易集团付出真正的努力、确保贸易不被政治化和为企业减少不可预测性。

---

* 改编自荷兰驻华大使贺伟民在第八届中国企业全球化论坛上的演讲（2021年9月），经大使本人审阅。

我们必须确保这个体制正常运行，不能因为感到秩序失控就自认为不得不诉诸保护主义措施。然而，我并不认为世界贸易组织完全没有问题。在维护这个多边贸易体制的同时，我们还需要改进它并使它现代化。如果有什么能够增加服务贸易的重要性和我们对其的依赖性，那就是数字服务，疫情已经凸显它的价值。

中国蓬勃发展的电子商务就是一个良好的例证。如果没有数字服务，我们要如何满足食品和其他消费品需求？尽管如此，国际上却没有针对数字经济的专门规则。没有国际协定来确保我们拥有透明的、可预测的和定性的程序。这导致各国平行设立了不同的资格要求、技术标准和许可。

目前，数字经济正在多边规则的真空中运行。因为没有国际协定，所以各国理所当然地制定了自己的一套规则。这导致了大家都不想要的贸易壁垒，限制了这个领域的发展潜力。我以前曾经表示，保持世界贸易组织规则的效力大于各国自己的规则是很重要的。

作为在世界贸易领域内首屈一指的机构，世界贸易组织不能错过这些发展。形成数字领域的全球规则对保障公平的竞争环境来说至关重要，这可以帮助我们在服务业领域取得成功。

在发言一开始，我强调了进行国际讨论和意见交流的重要性。在我们的经济思维中，我们也坚定地相信和依赖开放，尤其是欧洲市场的开放。我们的开放需要得到中国的对等开放。设立自由贸易区是一个积极的开放举措。

我要自豪地说，荷兰是服务业企业进入欧洲的绝佳门户，包括金融服务业。如您所知，荷兰是欧洲金融业和金融科技的热点地区。在欧盟中，荷兰的金融科技水平在所有国家中排第二位。过去这些年，中国已经采取相当大的步伐开放金融领域。然而，外企在准入上仍然存在障碍，尤其是在取得许可和跨境资本流动方面。解决这些关切关系经济区的成功建设，如北京的"两区"①。

最后，服务贸易极其依赖人际接触，因此国际旅行是必不可少的。初步数据显示，与货物贸易相反，2020年服务贸易出现急剧下滑，中国对荷兰的服务进口下滑约30%，出口下滑约20%。

从公共卫生的角度来看，现在放宽旅行限制是可行的，这可能会成为服务贸易进一步增长的重要推动力。

再次感谢邀请我参加这次讨论，我期待听到更多分享。

---

① 国家服务业扩大开放综合示范区和中国（北京）自由贸易试验区。——译者注

中非农业贸易对经济复苏的重要性 *

姆贝尔瓦·凯鲁基

　　这次关于中非合作的对话恰逢中非合作20周年这一时间节点。大家都记得，早在2000年10月，中国和非洲就启动了中非合作论坛，开启了这段美好的关系。值此20周年之际，我们希望总结中非合作的成就并继续向前迈进。在当前新冠疫情肆虐的背景下，本次对话对我们的工作来说有实质性意义。

　　众所周知，本次对话的背景是新冠疫情冲击扰乱了工业供应链，造成了国际贸易和投资收缩以及商品市场变得脆弱。新冠疫情带来的影响必定会重构世界秩序，中国和非洲国家有必要在逆境中维护共同利益。现在比以往任何时候都更需要促进中非经贸合作，以克服新冠疫情带来的经济挑战。

　　我们需要加强中非贸易合作。我们很高兴，中非合作论坛宣布的八项倡议之一是中国提出的贸易便利化，刚刚埃塞俄比亚大使提到了这一点。我们希望看到中国通过这一倡议采取审慎的行动，向非洲产品开放市场。目前，坦率地说，中非贸易合作力度很小。例如，农业是非洲的经济支柱，我们的出口产品大部分是

---

　　* 改编自坦桑尼亚驻华大使姆贝尔瓦·凯鲁基在"中非对话：疫情下的挑战与合作机遇"论坛上的演讲（2020年8月），经大使本人审阅。

农产品。但统计数据显示，非洲农产品在中国进口农产品中所占份额仅为2.5%。在这片由54个国家组成的大陆上，只有6个国家向中国出口农产品，而这6个国家中一个国家的出口额占2.5%的23%。这个国家就是津巴布韦，该国向中国出售大量烟草。因此，我们必须制定妥善的措施来扩大农产品贸易。

最后，我想提出五条建议。第一，应在中非合作论坛架构下加强投资和技术援助，以应对非洲本土活动和供给侧限制带来的挑战。第二，鼓励中非企业建立合资企业，加工农产品。第三，我们需要提供更多农产品市场机会的信息。我知道中国幅员辽阔，许多省份都有不同的需求和要求。而非洲同样疆域辽阔，每个国家都有自己独特的优势。第四，加快农产品质量评估和认证。农产品通过这种质量认证程序进入中国市场需要很长时间。第五，中非应进行双边农产品的展示和推广。我看到上海、南京、天津等城市已经引入这种机制。我认为应该鼓励其他省份效仿这一做法，从而让中国市场更容易获得非洲产品的信息。

加倍努力推进全球化*

吕德耀

　　新冠疫情已经对所有国家和经济体、所有领域，尤其是那些依赖面对面交流和跨境旅行的企业造成影响。叠加当前单边主义倾向和地缘政治紧张局势的影响，我们面临的困境已经扩大到危险的地步。

　　新加坡坚信，要想摆脱困境，各国需要加倍强化相互依存和全球化。新加坡坚定支持以规则为基础的国际秩序和多边贸易体制，它们给全球尤其是中国带来了巨大利益。我们认为，保持贸易和供应链畅通至关重要。因此，在2020年3月，新加坡和新西兰发起了一项部长级联合声明，确认两国共同承诺维护开放的供应链。令人振奋的是，在过去的6个月里，包括中国在内的许多国家都加入了这一倡议。

　　另一个体现我们支持多边主义和自由贸易的方式是追求高质量的自由贸易和投资协议。这不仅有利于我们的经济，也将提高我们服务领域的标准。举例来说，投资者都渴望找到良好的投资目的地和获得高质量的投资机会。在2020年的前4个月，新加坡

---

　　* 改编自新加坡驻华大使吕德耀（Lui Tuck Yew）在第七届中国企业全球化论坛上的演讲（2020年9月），经大使本人审阅。

引进外资规模超过全年目标。在这4个月里，对新加坡的承诺投资额超过2013—2018年每年的目标。这让我们相信，随着新加坡经济逐渐复苏，将会有大量优质、高价值的工作和企业进一步融入新加坡经济。

我想对加拿大大使所说内容作一点补充。他分享了关于医疗保健、金融教育、服务业以及开放和改革的重要性。我想就保险这个议题简单补充几句，无论是自然灾害险、医疗保险，还是失业保险都很重要。我这样说是因为我认为，完善社会保障是至关重要的。如果中国想要将国内消费作为经济发展的主要驱动力，那么只有当社会保障足够完善时，人们才能放心消费。否则，人们就会倾向于储蓄以未雨绸缪，这么做完全是出于本能。决策者需要确保政府、雇主、企业、个人、雇员、家庭和更广泛的群体能够合作建立社会保障网络。中国提出了"双循环"战略，指出国内国际双循环应如何相互补充，我们了解到很多相关信息。我们当然期待着探索如何为这一战略作出贡献，并从中受益。

最后，我只想说，重建国家间的战略信任很重要，提升商业实体和政府之间的信任也很重要。我经常听闻外企对能否在中国享有公平的竞争环境或市场准入深感担忧，我们承认中国过去几十年在这方面已经取得很大进步，我们非常欢迎这些进步。但我们知道，未来几年里中国能够而且需要做得更多。增加国家之间、国家与企业之间的信任，是增加经济交流、投资和贸易流动的重要措施，最终将使我们的人民受益。这将帮助我们战胜这场百年未有的最严重的经济和社会危机——新冠疫情。

危机中孕育新机——后疫情时代必须对世界贸易组织进行改革*

拉法尔·德斯卡亚·德·马萨雷多

全球化产生了许多积极影响，但对中国尤其有利。2001年加入世界贸易组织时，中国的国内生产总值仅占世界经济的5%，如今达到16%。同时，全球化在公司离岸外包①、失业和社会问题方面给其他国家带来一些消极影响。

因此，为了营造公平的竞争环境，我们需要反思过去几十年主导全球化进程的游戏规则，尤其是贸易和投资规则。我们正试图通过《中欧全面投资协定》来实现这一目标，我的同事之前也提到了这一协定。我知道中国政府也对这一谈判非常感兴趣。我们认为脱钩并不是个好主意，实际上，在许多领域脱钩是根本不可能的。对已经发现问题的领域进行更好的监管是比脱钩更有效的解决方案。特别是，我们必须打击保护主义，因为保护主义在历史上产生了非常消极的影响，尤其是在与民族主义相结合的

---

* 改编自西班牙驻华大使拉法尔·德斯卡亚·德·马萨雷多在第六届中国与全球化论坛上的演讲（2020年11月），经大使本人审阅。

① 跨国公司利用发展中国家的低成本优势将生产和服务外包给发展中国家。——译者注

时候。

正如人们所说，危机中孕育着新机。新冠疫情过后，我们有机会尝试建立更好的增长模式，这种模式基于绿色经济、数字转型、强化卫生系统、解决社会问题，而且必须是包容性的。我们必须记住，新冠疫情对发展中国家的经济造成了巨大冲击，因而我们需要调动资源，恢复发展中国家前几年的增长趋势，这包括消除贫困和扩大中产阶级群体，特别是在拉丁美洲。为了做到这一点，我们必须对世界贸易组织和世界卫生组织进行改革，必须在二十国集团开展工作，以及参与所有为中欧良好合作提供广泛机会的活动。

青年领袖在当下的领导力*

路易斯·迭戈·蒙萨尔韦

青年领袖不再只是未来的象征。他们每天都展现着当下的时代风貌，因而他们的声音需要被听到。他们已经在世界各地展示自身的领导能力。你会发现，如今许多非常有影响力的领导人年龄都在45岁以下。44岁的哥伦比亚总统伊万·杜克就是这些年轻的领导人之一，他正在改变我国人民的现状，并且一直在与充满挑战与动荡的现实作斗争。自就职以来，他带领下的政府一直致力于为年轻人谋福利和促进社会转型。我国政府30多位副部长的平均年龄是37岁，最年轻的为33岁左右。哥伦比亚是一个年轻的社会，其中73%的人年龄在45岁以下，他们中的大多数人都致力于创业、创造和创新。他们以技术为导向，寻求发展和进步。在这一框架下，杜克总统推行的旗舰项目之一是"橙色经济"，其产出占全国国内生产总值的3.4%。杜克政府的原则是合法性、企业家精神和公平性，建立在可持续发展和创新的坚实基础上。他已经接受这个以年轻人为核心的新概念。他雄心勃勃的计划是，投资开发本国人力资本以促成哥伦比亚经济的成功，并

---

* 改编自哥伦比亚驻华大使路易斯·迭戈·蒙萨尔韦在"国际青年领袖对话项目"启动仪式上的演讲（2020年12月），经大使本人审阅。

在第四次工业革命中利用本国青年的创业潜力。然而，这并不是哥伦比亚独有的。相反，这是一种趋势，世界各国都在拥抱新的想法和现实，而这将定义未来。

　　2020年就是我们今天讨论的问题的明证，也是转折点。大自然和地球动摇了我们现行的体系，让我们看到了变革的必要性。现在我们都在想，后疫情时代的世界会是什么样子。新冠疫情不仅仅是一场健康危机，它正在重塑我们对一切的认识和理解。实际上，它正在以一种前所未有的方式改变世界经济和社会秩序，带给人类新的挑战。世界如何面对这场危机，年轻人如何看待、思考和应对全球性问题和挑战，将决定世界的未来面貌。

　　在这种背景下，请允许我与青年领袖和世界谈谈我认为我们需要如何共同努力解决这一问题。当然，我希望这对"国际青年领袖对话项目"也能有所助益。首先，政府顾问、学术界、企业和国际组织应该意识到赋予年轻人权力的必要性。这意味着要让他们发挥自身才能、成为变革的推动者，让他们在决策岗位上参与对世界性重大挑战的讨论，包括公共政策的制定和实施等。其次，与年轻人一起确定人类需要面对的重大议题，例如气候变化、不平等、可持续发展、普及教育等，以便制定共同战略。因为要想在将来真正解决这些问题，他们需要从现在就开始发挥领导作用。最后，但同样重要的是，没有人比出生并成长于这个时代的青年领袖更有能力了解技术革命。他们应该成为创业和创新项目的核心，为即将到来的挑战提供新的解决方案。正如我提到的那样，青年领袖也代表着现在，我们应该迎难而上。作为领导人，我们有责任承担这项任务，迎接艰难险阻，以确保他们能够培养和逐步发挥自身的领导才能。

疫情期间各国的合作*

萨拉·塞雷姆

如果说新冠疫情带给我们什么教训的话，那就是没有一个国家强大到能够抵御一场大流行病；没有哪个国家是不可或缺的，没有一个国家有能力独善其身。世界已成为真正意义上的地球村，面对现有和新出现的挑战，国家间的合作不是一种选择，而是一种必需的生存手段。

在新冠疫情期间，来自世界各地的同事之间建立联系与合作的必要性比以往任何时候都更加突出。这清晰地体现了我们的人性和对彼此的需要，这超越了我们的个人偏见、国籍、文化、宗教、肤色甚至语言。令我感到欣慰的是，由于新冠疫情带来的各种挑战，我们能够在不同的论坛上与不同国籍的人建立联系，而且就当前挑战共同提出了客观的解决办法。

疫情期间，在疾病和死亡带来的阴影下，外交使团实践了一些积极举措。其中包括与所有相关方实时共享信息，努力确保目标一致，与当局保持即时联系，最重要的是彰显人性、拯救生命。新冠疫情向我们展示了人类有多么脆弱。我们以为病毒传播

---

* 改编自肯尼亚驻华大使萨拉·塞雷姆在"中非对话：疫情下的挑战与合作机遇"论坛上的演讲（2020年8月），经大使本人审阅。

有限，但新冠病毒表明这种边界只是人类自己在头脑中划定的，最可靠的第一道防线是协作和团结。

在抗击新冠疫情的过程中，中国的应对堪称典范。中国不仅与各国合作抗疫，而且通过提供专业知识、提供和捐赠检测试剂盒以及个人防护设备等干预措施展现了慷慨。从疫情出现的第一个月起，我们就见证了中国的这种慷慨。当时约定俗成的做法是从中国撤侨，但中国提供的支持和保证使我们作出了一些决定，其中包括不撤侨。我很高兴，我国国民在中国期间没有感染病毒或丧生。当需要回国的肯尼亚公民在按规定隔离14天后正式获准回国时，我深感自豪。

我深信，要想在任何感兴趣的领域从中国获得最佳利益，我们唯一能做的就是在双赢合作框架下共同努力。只有通过合作，我们才能推进实施能够带来积极影响的措施和战略。例如，在贸易领域，中国市场已经成熟，并对非洲产品开放，但如果肯尼亚单独与中国进行交易，那就难以产生期望的影响。通过非洲国家的团结，尤其是随着非洲大陆自由贸易区的启动，我们希望能够解决持续的贸易逆差。我认为决定权在非洲国家这里，非洲各国应团结起来，创造协同效应，以满足中国市场的需求，而中国也应帮助非洲准备符合中国市场标准的产品。

在教育领域，中国提供的奖学金数量一直在增加。我有很多学生都很想来中国。中国高等教育的优势之一是，一旦确定课程计划，成功完成学业或多或少是有保证的。排除新冠疫情的干扰，我们的学生利用奖学金完成学业的比率一直是百分之百。专注于学习并寻求稳定的学生在中国找到了方向。因此，每个人都想来中国学习，而他们有信心完成课程。我的建议是，除了提供奖学金项目，中国还可以组织这些学生开展一些社会实践，这样一来，当他们学成回国时，就同时具备了专业知识和实践经验。而这种实践经验也将有助于在肯尼亚开展经营活动的中国企业聘用熟悉中国的工作文化、道德和语言的员工。在新冠疫情期间，所有这些经验的底线是合作必须居于核心地位，以实现双赢。

关于贸易和世界贸易组织问题
对拜登政府的期望*

肃海岚

作为一个高度工业化的国家，芬兰的经济也严重依赖对外贸易。因此，所有这些与全球化和全球贸易有关的议题都与我们息息相关。各位刚才提到的世界贸易组织等问题，将在议程中占据重要分量，乐观的评论家已经开始期待看到新任世界贸易组织总干事和关于上诉机构的决议。但是，我们不应因这种局面缓和而对面前的艰巨挑战视而不见。明智的做法是将其视为一种（矛盾的）缓和，但如果我们不能解决引发当前问题的挑战，那么随之而来的将是更加糟糕的局面。

如今，全球生产和贸易被由私营部门经营的复杂供应链主导，旨在以具有竞争力的价格向消费者提供高质量产品，它们在很大程度上成功地做到了这一点。但这一过程直接受到各种政府政策的影响，例如在基础设施能力、关税等领域，而具体行动的影响还远不明确。从这个意义上讲，观察政府的行为是非常重要的。

---

* 改编自芬兰驻华大使肃海岚在第六届中国与全球化论坛上的演讲（2020年11月），经大使本人审阅。

2016年之前，我们可能已经接受我们如今讨论的许多问题，将其视为全球贸易体系中的正常紧张关系，但我觉得政治已经使一些东西发生改变。不仅美国公众对贸易越来越持怀疑态度，我们在欧洲也看到了同样的倾向。因此，我认为我们也需要关注公众舆论，并一起做点什么。

事实上，最重要的是，全球贸易政治需要能够为政治家带来成果，而仅仅对世界贸易组织进行一些无关痛痒的改革是远远不够的，因为这并没有解决根本问题，只是触及了一些皮毛。因此，本着这种精神，我们非常期待在这些问题上进行密切的国际合作，正如我所说，贸易对我们和公众舆论来说都很重要。

致 谢

当今世界正进入后疫情时代，新冠疫情、乌克兰危机、巴以冲突及其带来的粮食和能源危机、"断航危机"，叠加气候威胁等因素，令全球经济复苏陷入低迷，这加剧了保护主义倾向，使全球化逆流涌动，也对全球治理提出更严峻的挑战。全体人类是一个命运共同体，没有一个国家可以独自应对这些跨国性威胁，各国亟须寻求共识、加强合作，以推动全球经济复苏，改善全球治理，缔造繁荣的未来。如何才能形成共识、合作应对挑战？世界各国又对中国抱有什么合作预期？本书正是为了解答这些疑问而编写。

本书是我们主编的"中国与全球化"系列图书的又一著作，收录了21个国家的驻华大使的原创文章，以及10位驻华大使在全球化智库品牌活动上的发言。在本书中，各位大使从本国对华关系角度出发，就双边关系前景及合作机遇、"一带一路"倡议对各国的发展作用、疫情后经济复苏、中国"十四五"规划等议题分享了思考与真知灼见。在此，我们向所有为本书供稿的大使表示诚挚的谢意。

本书将由世界知识出版社出版，在此我们衷心感谢崔春董事长、汪琴总编辑、杜持龙主任、张怿丹副主任以及责任编辑罗庆行对本书出版的大力支持，也期待本书能够帮助读者从更多样化的视角理解中国与世界的关系。

　　本书由全球化智库出版中心组织翻译，我们对白云峰（翻译中文初稿）、李衍（检查修订译文）和任月园（审订全书译稿）三位同事表达诚挚的感谢。译文如有不妥或错讹，欢迎读者批评指正。

王辉耀博士　全球化智库（CCG）理事长
苗　绿博士　全球化智库（CCG）秘书长
2024年1月于中国北京